dtv
_____
portrait

Herausgegeben von Martin Sulzer-Reichel

Frank Rainer Scheck, geboren 1948, war nach einem Studium
an der Universität Köln lange Jahre in einem Verlag tätig.
Einer der Schwerpunkte seiner Veröffentlichungen
ist seit 1970 die phantastische Literatur.

Nostradamus

von Frank Rainer Scheck

Deutscher Taschenbuch Verlag

Weitere in der Reihe **dtv portrait** erschienene Titel
am Ende des Bandes

Originalausgabe
November 1999
© Deutscher Taschenbuch Verlag GmbH & Co. KG, München
Umschlagkonzept: Balk & Brumshagen
Umschlagbild: ›Nostradamus im Alter von 58 Jahren‹.
Stich von Pierre Woeirot, 16. Jh. (AKG, Berlin)
Layout: Matias Möller, Agents – Producers – Editors, Overath
Satz: Matias Möller, Agents – Producers – Editors, Overath
Druck und Bindung: APPL, Wemding
Gedruckt auf säurefreiem, chlorfrei gebleichtem Papier
Printed in Germany   ISBN 3–423–31024–3

Inhalt

1 Nostradamus-Büste von 1859 (Bildhauer: Listard Lambesc). Sie bekrönt einen Brunnen im südfranzösischen Saint-Rémy, dem Geburtsort des Sehers. Während seiner späteren Jahre in Salon hatte Nostradamus 1553 selbst einmal einen Brunnen mit einer launigen Inschrift versehen lassen, in der er die Stadtverwaltung verspottete, sie habe ihre Mitbürger tunlichst mit Wein versorgen sollen und wäre dann nicht in Verlegenheit gekommen, »diesen mittelmäßigen Wasserbrunnen errichten zu müssen«.

Vorwort

Hier ruhen die Gebeine des hochrühmlichen Michael Nostradamus. Er allein ward unter allen Sterblichen für wert befunden, unter dem Einfluß der Sterne mit geradezu göttlich inspirierter Feder vom künftigen Geschehen der ganzen Welt zu künden.«

So lautet die Gedächtnisinschrift für den provenzalischen Magus auf einer Marmorplatte der Laurentius-Kirche von Salon, wo das, was von seinen Gebeinen blieb (s. S. 143), in einer Seitenkapelle zur letzten Ruhe gebettet wurde. Salon ist ein Städtchen nördlich von Marseille in der Provence; hier gründete Nostradamus eine Familie, hier verbrachte er seine einflußreichsten Lebensjahre, hier empfing er die Königinmutter Katharina von Medici, und hier starb er. Den Ehrenspruch ließ Anne, die Witwe des Propheten, in den Stein meißeln; verfaßt hat ihn wahrscheinlich Jean-Aymé de Chavigny, sein Schüler und Adlatus.

Ehre, wem Ehre gebührt. Aber Nostradamus scheidet offenbar die Geister, und es gibt auch ganz andere Meinungen über den Seher von Salon. Schon Henri de Sponde, der Bischof von Pamiers, schickte dem Propheten im Jahr des Todes einen Spottspruch hinterdrein. Andere Zeitgenossen sprachen von einem »schlimmen Scharlatan« (Julius-Caesar Scaliger), einem »hirnlosen Trottel« (Laurens Videl) oder einem »listenreichen Betrüger« (Pierre Gassendi), und ein späterer Kommentator (Eugene F. Parker) hat Nostradamus als einen »König der Hochstapler« bezeichnet, der aus der Leichtgläubigkeit seiner Zeitgenossen Nutzen zog.

2 Die erneuerte Grabplatte von 1813 in der Dominikanerkirche Saint-Laurent (Salon)

Jedweder Kritik an ihrem Meister wiederum erwehren sich seit Chavigny, dem ersten seiner vielen Verehrer, unter denen im 19. Jh. Eugène Bareste, Henri Torné und Anatole Le Pelletier hervorragen, mit einer Fülle von Schriften die sogenannten Nostradamiker. Ihnen ist das prophetische Erbe des raunenden Provenzalen hoch und heilig, und kein Argument gegen die Triftigkeit seiner Weissagungen würde sie in ihrer Überzeugung je wanken lassen. Da für diese Gläubigen die Wahrheit der dunklen Weissagungen aus der Renaissance-Provence von vornherein feststeht, schrecken sie nicht einmal davor zurück, die Vierzeiler ihres Meisters zu »verbessern«, um ihnen größere Schlag- und Beweiskraft zu verleihen.

Ein neuer Trend, der sich nach dem Ersten Weltkrieg herausbildete und bis heute floriert, geht angesichts der vielen Fehlschläge bei den unzähligen Versuchen, die nostradamischen Prophezeiungen mit den tatsächlichen Geschichtsabläufen zu korrelieren, von einer hermetischen Verschlüsselung der prophetischen Botschaften aus und unterbreitet diverse Vorschläge, wie der von Nostradamus angeblich benutzte Code zu »brechen« sei. Leider werden wir auch in diesem Band, wenn wir auf die Prophezeiungen des Nostradamus zu sprechen kommen (s. S. 69ff.), gezwungen sein, in diesen trüben Wassern zu rühren.

Das vordringliche Anliegen dieses Buches jedoch ist ein anderes: Es versucht, aus den gesicherten Daten – für die frühen Jahre sind es leider nicht sehr viele – ein Lebensbild des provenzalischen Propheten als Kind seiner Zeit zu zeichnen.

Köln, Ende Juli 1999
Frank Rainer Scheck

Danksagung
Martin Sulzer-Reichel, Overath, Herausgeber der Reihe ›dtv portrait‹, regte diese Biographie an und betreute sie mit Umsicht. Eva Carmen Szabo, Köln, war dem Autor mit gewohnter Zuverlässigkeit bei der Literaturbeschaffung behilflich, zu der auch Uli Ormanns, Köln, beitrug. Manfred Görgens, Wuppertal, machte sich auf nach Südfrankreich und lieferte aktuelle Fotos von Nostradami Lebens- und Wirkstätten.
Ihnen allen sei herzlich gedankt!

Jugendzeit und Studium

Des Propheten Herkunft

Saint-Rémy in der Provence. Das Städtchen gehört zum Pflichtprogramm eines jeden Touristen, der sich auf eine längere Erkundungsreise durch Südfrankreich begibt. Den Namen trägt es nach dem hl. Remigius, dem »Apostel der Franken«, der König Chlodwig – wie es in der Legende heißt – mit himmlischem Öl zum ersten katholischen König des Frankenreichs salbte. Der Todestag des Heiligen, der 13. Januar 533, wird bis heute in Reims, wo Chlodwig gekürt wurde und Remigius als Bischof starb, mit einer Kirchenfeier begangen.

3 In der Altstadt von Saint-Rémy

Auch in Saint-Rémy soll sich Remigius auf der Durchreise aufgehalten und eine Wunderheilung vollbracht haben. Das Städtchen löste im Mittelalter das nur wenige Kilometer ent-

4 Les Antiques. Römischer Ehrenbogen und Julier-Monument

fernte antike Glanum ab, das »Pompeji der Provence«, wo sich schon im 3. Jh. v̇. Chr. (am Ort eines keltischen Quellheiligtums) Griechen niedergelassen hatten. Am Saum von Saint-Rémy, unweit von Glanum, erhebt sich das sogenannte Plateau Les Antiques mit dem triumphal aufsteigenden Julier-Monument, einem der besterhaltenen römischen Denkmäler der Provence überhaupt. Nostradamus hat es in den Weissagungen immer wieder erwähnt (z. B. in VIII, 34, VIII, 46 und IX, 85), und in einem seiner Bücher, dem ›Opuscule‹ (s. S. 67f.), bezeichnet er sich stolz als »Sextropheae Natus Gallia«, als »gebürtig aus der Gegend Galliens mit dem Mausoleum des Sextus«.

Das nahe Kloster Saint-Paul-de-Mausole mit romanischem Baubestand erinnert in seinem Beinamen ›de Mausole‹ bis heute an dieses hochragende Grabdenkmal. In Saint-Paul, das im 19. Jh. zu einem Hospital für Geisteskranke umgewandelt worden war, lebte Vincent van Gogh vom Mai 1889 bis Mai 1890.

Wir kommen hier deshalb auf den großen niederländischen Künstler zu sprechen, weil niemand so wie er die Olivenhaine mit ihren knorrigen Stämmen, niemand wie er die von kerzengeraden, dabei aber flammenartig züngelnden Zypressen über-

Wandel der Zeitrechnung

Eine Anmerkung zum 14. Dezember als Geburtsdatum: Es kann in die Irre führen. Nach unserer Zeitrechnung wurde Nostradamus nämlich am 24. Dezember geboren. Die Differenz von zehn Tagen ergibt sich aus dem Übergang vom julianischen zum gregorianischen Kalender und bedarf einer kurzen Erläuterung. Im Jahr 46 v. Chr. setzte Julius Caesar, beraten von dem alexandrinischen Gelehrten Sosigines, den nach ihm benannten Julianischen Kalender durch, der in den durch vier teilbaren Jahren jeweils zusätzlich einen Tag zwischenschaltete. Dadurch wurde das Jahr im Durchschnitt 365,25 Tage lang. Diesem Kalendermodell folgte die christliche Zeitrechnung, wobei sie allerdings ab Christi Geburt und nicht *ab urbe condita* (»nach Gründung der Stadt Rom«) rechnete. Zwischen dem 6. Jh., als der stadtrömische Mönch Dyonisius Exiguus sie erstmals anwendete, und etwa dem 11. Jh. setzte sich die christliche Variante der julianischen Zeitrechnung in Europa vollständig durch. Nach exakten astronomischen Kriterien ist das julianische Jahr jedoch um 0,0078 Tage (11 Minuten und 14 Sekunden) zu lang. Die Korrektur erfolgte unter Papst Gregor XIII., der im März 1582 anordnete, daß in Zukunft von den vollen Jahrhundertjahren (1600, 1700, 1800 etc.) nur noch diejenigen Schaltjahre sein sollten, deren erste beide Ziffern sich durch vier teilen lassen. Dadurch wird die durchschnittliche Jahreslänge auf 365,2425 Tage abgesenkt. Zugleich beseitigte der Papst die Fehler der julianischen Kalendervergangenheit durch einen rigorosen Einschnitt: Er ließ dem 4. Oktober des Jahres 1582 sogleich den 15. Oktober folgen.

ragten Weizenfelder gemalt hat, kurzum: die offene, fruchtbare Landschaft von Saint-Rémy, über die sich im gleißenden Sommersonnenlicht fahlblaue Himmel spannen, während über die meerseitige, pittoresk verkarstete Hügelbarriere der Alpilles (»kleine Alpen«) hinweg, aufgetrieben vom Seewind, neugierige Wölkchen lugen.

In diese Landschaft, in dieses Licht wurde am Donnerstag, dem 14. Dezember 1503 (alte Zeitrechnung), um die Mittagszeit ein gewisser Michel de Nostredame geboren. An solchen Bauern, Schnittern, Garbenbindern und Dreschern, wie sie uns van Goghs Bilder vier Jahrhunderte später zeigen, wird auch er, der

◄ 5 Vincent van Gogh malte seine berühmte ›Sternennacht‹, bekannt auch als ›Zypressen und Dorf‹, im Juni 1889, als er bei Saint-Rémy in einem Hospital für Geisteskranke untergebracht war. Das Gemälde, Öl auf Leinwand, hängt heute im Museum of Modern Art, New York.

Junge aus gutem Hause, unter einem schier überhellen Himmel auf seinen Streifzügen durch die fruchtbare Ebene der Kleinen Crau hinüber zu den versunkenen Ruinen von Glanum vorbeigeeilt sein. Kein Bild aber scheint die spirituellen Ambitionen des provenzalischen Propheten mehr mit der Farbenwelt van Goghs zu verbinden, als dessen berühmte ›Sternennacht‹, entstanden im Juni 1889, deren Himmelskörper gleich einem apokalyptischen Horoskop bedrohlich über dem hingeduckten Dorfleben der Ebene um Saint-Rémy funkeln.

Am Beginn einer neuen Ära

Der Übergang vom 15. zum 16. Jh. ist eine Zeit der Erschütterungen und des Wandels. 1491 hat Martin Behaim in Nürnberg den ersten Globus (»Erdapfel«) fertigen lassen, und gerade ein Jahr vor Nostradami Geburt ist Columbus zu seiner vierten Fahrt nach der Neuen Welt in See gestochen. Wenige Jahre zuvor hat der Portugiese Vasco da Gama Indien auf dem Seeweg erreicht. In Italien arbeitet Leonardo da Vinci an technischen und wissenschaftlichen Neuerungen, schafft Michelangelo mit ›Pietà‹ und ›David‹ bahnbrechende Werke, und auch der junge Raffael zeigt sein Ausnahmetalent. Kopernikus bereitet den Übergang vom geo- zum heliozentrischen System vor, in Deutschland reift die Zeit für Luthers reformatorische Gedanken, und in Rotterdam formuliert Erasmus seine Kirchenkritik.

Man spürt den großen Atem der Geschichte. Auch auf französischem Boden kündigt sich innenpolitisch ein Umbruch an. Schon Ende des 15. Jh. befinden sich zwei Drittel des heutigen französischen Staatsterrains in unmittelbarem Besitz der Krone, die französische Aristokratie rückt ins zweite Glied, kurzum: Der Absolutismus erhebt sein Haupt. Es nimmt das seinen Lauf, was der französische Geistliche Bossuet später auf diese Formel bringen wird: »Ein König, ein Glaube, ein Gesetz.«

---

6 **Erasmus von Rotterdam** (1469?–1536) gilt als bedeutendster Vertreter des europäischen Humanismus. 1492 zum Priester geweiht, studierte er in Paris; in Italien promovierte er zum Doktor der Theologie, in England hielt er sich 1509–1514 auf, danach in den Niederlanden sowie in Basel und Freiburg i. Br. Die von ihm herausgegebene erste griechische Druckausgabe des Neuen Testaments wurde zur Grundlage für Luthers Bibelübersetzung.

Außenpolitisch bildet sich eine neue ›Großwetterlage‹ heraus. Der Italienzug Karls VIII. im Jahre 1494 gilt der Geschichtswissenschaft als epochaler Einschnitt, weil er in die so bedeutsame und so lang andauernde Konfrontation von Frankreich und Habsburg hineinführt, in deren Verlauf sich »schließlich jenes Gleichgewichtsprinzip ausgebildet hat, auf dem das Staatenkonzert des modernen Europa beruht« (Heinz-Otto Sieburg).

Nostradami Lebenszeit ist von diesen beiden Tendenzen bestimmt, dazu von einer dritten, religionspolitischen, der Entwicklung des Protestantismus, die Frankreich bald nach dem Tod Heinrichs II. (1559) in eine dreißigjährige Phase religiöser (und politischer) Wirren stürzen sollte. Zur berüchtigten Bartholomäusnacht vom 23./24. August 1572, in der Tausende französischer Protestanten (Hugenotten) abgeschlachtet wurden, kam es nicht einmal sechs Jahre nach dem Tod des provenzalischen Propheten.

Des Propheten allerchristlichster Name

Michel de Nostredame (»Michael von der Madonna«) – ein Name, der aufmerken läßt. Klingt er nicht allzu christlich, um wahr zu sein? In der Tat stammt Michel aus einer Familie jüdischer Konvertiten, die den auffällig frommen Namen bewußt wählten, womöglich abgeleitet aus dem Namen des Kirchsprengels, in dem sie lebten. Wir müssen, um dies zu erklären, etwas weiter ausholen.

Als Nostradamus geboren wurde, waren Juden in der Provence bereits seit eineinhalbtausend Jahren ansässig. Die jüdische Zuwanderung hatte langsam eingesetzt, seit das südliche Gallien durch die militärischen Erfolge des Feldherrn Domitius Ahenobarbus unter römische Kontrolle geraten war; zur *provincia* Roms (von daher der Name Provence) wurde die südfranzösische Landschaft im Jahre 125 v. Chr. Der jüdische Bevölke-

7 Der **Name Nostredame** rührt vielleicht von einer der vielen südfranzösischen Marienkirchen her, womöglich der Liebfrauenkirche in Avignon (s. S. 16). Unser Bild zeigt den Turm der Kirche Notre Dame in Orange.

rungsanteil stieg nach dem blutig niedergeschlagenen Aufstand in Palästina im Jahre 70 n. Chr. deutlich an, denn nach einer Formulierung von Haim Hillel Ben-Sasson sagten sich viele palästinische Juden »von ihrem Volk los und fanden einen Platz in der heidnischen Welt des Römischen Reichs, das damals eine Blütezeit erlebte und reichlich Gelegenheit zum wirtschaftlichen Aufstieg bot«. Der Zuzug dauerte fort bis ins hohe Mittelalter. Und da Juden ›schon immer‹ in der Provence gelebt zu haben schienen, nahm man sie dort vom gängigen Vorwurf des späten Mittelalters aus, für den Kreuzestod Christi verantwortlich zu sein. Sie galten als die ›guten Juden‹. Zudem war die Provence wirtschaftlich von ihnen geprägt, denn in allen Geldgewerben, z. B. Zinsnahme, Pfandleihe oder professioneller Geldtausch, die den frühen Christen untersagt gewesen waren und bis ins Hochmittelalter bei guten Christen verpönt blieben, zugleich aber unumgänglich waren in einem Landstrich mit viel Transithandel und Durchreiseverkehr, hatten sich Juden fest etabliert. »Vor allem die Herrscher, der Hochadel und die Kirche betrauten sie [die Juden] mit allerlei Geschäften, ließen sie aus dem Orient Stoffe, Gewürze und Parfüme bringen und liehen von ihnen Geld« (Ingeborg Tetzlaff). Der Fernhandel und der Geldverkehr blieben geradezu jüdisches Privileg, doch finden wir provenzalische Juden im späten Mittelalter auch als reputierliche Grundbesitzer, Weinbauern, Rechtsanwälte und Goldschmiede. Sie wurden von der christlich-katholischen Majorität wohlwollend geduldet, aber doch stets in ihrer Besonderheit wahrgenommen, so in jedem Vertrag zwischen irgendeinem Jean und irgendeinem Jacques. War Jacques nämlich Jude, so wurde es urkundlich vermerkt: »Jacques Soundso, Jude.« In der Grafschaft Venaissin, über welche die in Avignon residierenden Päpste ab dem 14. Jh. geboten, mußten die Juden sogar gelbe Hüte tragen. Jenseits der päpstlichen Grafschaft war man weniger streng. Seit dem

René war selbst Dichter, Maler und Musiker, und wenn wir natürlich auch den Übertreibungen seiner Höflinge Rechnung zu tragen haben, sollte man doch bedenken, daß sich nicht jeder Regent um einen guten Ruf in Kunstfragen bemüht. Bekannt ist seine Vorliebe für dramatische Aufführungen, und es ist überliefert, er habe selbst Mysterienspiele verfaßt. Er liebte Prachtaufzüge und Turniere, kümmerte sich um die Land-

8 Der »gute König« René. Bildausschnitt aus dem Altar des Nicolas Froment (Mitte des 15. Jh.) in der Kirche Ste-Marie-Madeleine in Aix-en-Provence

Edikt von 1454 konnte sich ein provenzalischer Jude insofern gesellschaftlich emanzipieren, als er z. B. als Arzt und Gelehrter, als Künstler, aber etwa auch als staatlicher Steuereintreiber tätig werden durfte. Insbesondere unter René dem Guten (1434–1480), wie man den populären Grafen der Provence (und Titularkönig von Neapel, Sizilien und Jerusalem) aus dem Hause Anjou nannte, war die Provence ein sicherer Hafen für die Juden, gerade nachdem der Fürst ab 1473 seinen Hof nach Aix verlegte. Dies änderte sich allerdings, als Renés Nachfolger und Neffe Karl kinderlos verstarb und die Grafschaft entsprechend seinem letzten Willen an die französische Krone fiel.

Denn die französischen Kronlande waren traditionell – erinnert sei an das Judenpogrom von 1306 – der jüdischen Minderheit gegenüber weniger tolerant eingestellt. Schon 1488, acht Jahre nach dem Tod des »guten Königs«, wurde unter Karl VIII. den Juden der Provence auferlegt, sich durch Taufe dem einzig wahren, katholischen Glauben anzuschließen, und am 26. September 1501 erließ Ludwig XII. ein Edikt, nach dem sich alle Juden binnen dreier Monate taufen lassen müßten. Wer von ihnen dazu nicht willens sei, habe die Heimat zu verlassen, und sein Eigentum solle konfisziert werden. Die meisten provenzalischen Juden beugten sich dem politischen Druck.

wirtschaft, Glasindustrie, um Spinnerei und Weberei. Umgeben von Dichtern und Gelehrten, die von seiner Freigebigkeit lebten, machte er seinen Hof zu einem Mittelpunkt der Künste und der Wissenschaften …

James Laver, 1942

Die Herkunftslegende

Die Familie Nostredame geriet durch Ludwigs Edikt allerdings nicht unter Druck, denn schon der Großvater Pierre hatte den nun geforderten Schritt vollzogen und war zum katholischen Glauben konvertiert, und zwar bald nach der Mitte des 15. Jh. in der Stadt Avignon, noch vor seiner Heirat mit einer Christin namens Blanche de Sainte-Marie. Von einer früheren Ehefrau, die Jüdin bleiben wollte, trennte er sich rigoros. Nach christlichem Recht (*Privilegium Paulini*) war eine solche Scheidung ausnahmsweise möglich. In seiner Jugend hatte Pierre de Nostredame Vidono Gassonet geheißen, doch war es üblich, daß der Religionswechsel mit einem Namenswechsel einherging. Vidono Gassonet (auch: Gasson oder Guesson) wählte einen besonders katholischen (eben Nostredame), wohl nicht nur, weil er vielleicht im Kirchsprengel von Nôtre-Dame-la-Principale (Avignon) zum Katholizismus übertrat, sondern gewiß auch, um seine neue religiöse Überzeugung zu demonstrieren, die zur Trennung von seiner jüdischen Frau geführt hatte.

Die Herkunftslegende, die in der Familie Nostradamus kursierte und an der wohl auch der Prophet selbst, mehr noch aber sein Bruder Jehan und sein Sohn César eifrig fortstrickten, lief darauf hinaus, die Familie könne stolz auf etliche Gelehrte, Dichter und hohe königliche Beamte in ihren Reihen zurückblicken. Von Pierre de Nostredame hieß es später, er habe sich als Leibarzt um König René gekümmert. All die Forscher, die Nostradami Lebensspur verfolgten und in die Archive der Provence stiegen, kamen verstaubt, aber mit leeren Händen zurück. Einen Nostredame hat es am Fürstenhof der letzten Anjou nie gegeben, pure Erfindung ist auch, René habe seinen Leibarzt Pierre in seinem Testament bedacht. Dieses Testament vom 22. Juli 1476 ist ebenso erhalten wie das von Renés Nachfolger Karl III. (datiert auf den 10. Dezember 1481); den Namen Pierre

---

Nostredame, Nôtredame, Nostradamus
Die Namensform Nostredame ist die alte provenzalische Form des französischen Nôtredame, der Zirkumflex ersetzt das s nach dem o. Die latinisierte Form des Namens ist Nostradamus. Als Genitiv verwenden wir in diesem Buch das alteingeführte Nostradami (statt Nostradamus').

de Nostredame sucht man darin vergebens. Auch hat sich fest-
stellen lassen, wer die Hoheiten in Wahrheit ärztlich betreute:
Es war ein gewisser Abraham Salomon.

Es ist das Verdienst von Edgar Leroy, einem Historiker aus
Saint-Rémy, den vergilbten und stockfleckigen Kirchenbüchern
und Urkundensammlungen von Avignon und Saint-Rémy sowie den Archiven des Departements Bouches du Rhône jene
Wahrheiten abgerungen zu haben, welche die Familie seit ihrer
Konversion zu kaschieren suchte. Nicht, daß es sich dabei um
irgendwelche düsteren Geheimnisse handelte! Doch waren es
Tatsachen, die einen Mann wie den Propheten Nostradamus
nicht unbedingt nobilitierten. So war der Großvater Pierre Nostredame (»der früher als Jude Vidono Gassonet hieß«, wie ein
erhaltener Vertrag vom 12. Mai 1455 es ausdrücklich vermerkt)
nach Ausweis etlicher Urkunden als Kaufmann (*mercator*) in den
ländlichen Gebieten Südfrankreichs tätig, vor allem als Getreidehändler. »Die Verbindungen reichen von Narbonne bis Genf
und von Orange bis Arles und – die Geschäfte blühen« (Ernst
R. Ernst).

Auch von der mütterlichen Seite her stellt sich Nostradami
Ahnenlinie nicht so illuster dar. Der Vater seiner Mutter, ein gewisser Jean de Saint-Rémy, war durchaus kein edler Ritter, wie
Jehan es behauptet, sondern ebenfalls ein katholisch geworde-
ner Jude. Zwar hatte Jean Medizin studiert, war dann aber als
Stadtkämmerer und Steuereintreiber für den König tätig gewesen. Familie Nostredame streute dagegen, auch jener Jean de
Saint-Rémy habe als Leibarzt dem »guten König« René höchst-
selbst zur Seite gestanden, und so liest man es denn heute noch
bei den Nostradamikern.

Vielleicht ist die Legendenbildung ja durch den nach wie vor
gegebenen sozialen Druck auf die jüdischen Konvertiten zu erklären. Jedenfalls wird in einem Steuerregister vom Dezember

9 So stellt sich das
»Nostradamus-
Haus« (s. auch
S. 141) im südfran-
zösischen Salon,
das heute ein
bescheidenes Mu-
seum beherbergt,
in Gestalt einer
schwarzgewandeten Wachsfigur
den **Großvater Jean de Saint-Rémy**
vor. Und es spekuliert, noch ganz
aus dem Geist der Herkunftslegende, Jean habe den jungen Michel in
die Kabbala eingeführt.

1512 immer noch sorgsam vermerkt, daß Familie Nostredame zur »neuen christlichen Gemeinde« gehöre, kurzum: daß es sich bei ihnen um übergetretene Juden handele. Dagegen verstanden die traditionellen Katholiken von Saint-Rémy sich als »alte Gemeinde«, gewiß nicht ohne begleitendes Prestigedenken.

Wie auch immer, ältester Sohn des Getreidehändlers Pierre de Nostredame – es gab noch fünf weitere Kinder – war ein gewisser Jaume, der zunächst ebenfalls im Kornhandel tätig war. Eine Tochter des Steuereintreibers Jean de Saint-Rémy hieß Renée (provenzalisch: Reynière). Diese beiden jungen Leute, Sprößlinge aus konvertierten Judenfamilien und somit wahrscheinlich in denselben Kreisen verkehrend, fanden zusammen, und beider Heirat wurde am 14. Mai 1495 geschlossen. In diesem Zusammenhang übersiedelte Jaume von Avignon nach Saint-Rémy, wo er ab etwa 1502 als Notar firmierte. Daneben war er aber weiterhin als Kaufmann tätig. Erst um 1513, als er zum Amtsvorsteher einer kleinen Exklave des päpstlichen Hoheitsgebiets um Avignon avancierte, endete seine händlerische Tätigkeit.

Zur Frage der historischen Quellen

Den Quellenforschungen von Edgar Leroy – genannt seien ergänzend H. Chobaut, der Chefarchivar der Vaucluse, und E. Lhez – verdanken wir also wesentliche Korrekturen zur idealisierten Familiengeschichte. Solche Korrektive fehlen leider in bezug auf die jungen Jahre des Propheten, denn wir sind hier abhängig von dem, was Bruder Jehan, Sohn César und vor allem Jean-Aimé de Chavigny, Nostradami erster Biograph (unter Berufung auf die Mitteilungen des Meisters selbst), uns berichten. Nun ist Chavigny eine etwas undurchsichtige Figur. Nicht nur, weil er jene Herkunftslegende unkritisch weitergegeben hat, sondern weil er Nostradamus offenbar weniger nahestand, als er es später darzustellen trachtete.

Michel de Nostredame, »unser« Nostradamus, war der älteste Sohn aus der **Ehe von Jaume und Reynière**, aus der mindestens vier weitere Söhne hervorgehen sollten: Bertrand (1518–ca. 1602); Jehan (1522–1577), der 1575 in Lyon eine ›Chronique de Provence – Les vies des Poètes Provenceaux‹ veröffentlichte und als *procureur* des provenzalischen Parlaments tätig war; Hector, von dem wir wissen, daß er am 26. April 1546 eine Heirat einging; und Antoine, der am 27. April 1523 getauft wurde und nach 1597 verstarb. Vielleicht gab es aber noch weitere Kinder, einen Dauphine, einen Pierre und einen Louis. Eine Urkunde spricht Jaume gar 18 Kinder zu.

Chavigny entstammte einer adligen Familie aus der ostfranzösischen Stadt Beaune, hatte nach Universitätsstudien einen Doktorgrad der Rechte und der Theologie erworben und stieg 1548 zum Bürgermeister von Beaune auf – bis hierhin also eine Bilderbuchkarriere. Anfang der fünfziger Jahre (wohl 1553) aber gab er sein Amt auf, um bei Nostradamus Astrologie zu studieren. Unzweifelhaft hat er an die prophetische Größe des Mannes aus Salon geglaubt.

In seinem berühmtesten Werk über den »französischen Janus« (wie er ihn nannte), erschienen 1594 in Lyon und zweisprachig gehalten, französisch und lateinisch nämlich, hat Chavigny dem Abdruck von 267 nostradamischen Prophezeiungen unter anderem eine kurze Biographie des Meisters vorangestellt, worin über dessen letzte Lebenstage besonders ausführlich berichtet wird. Auf diese Weise versuchte er zu suggerieren, als jahrelanger Schüler und Sekretär des Meisters habe er bis zu dessen letzter Stunde die tiefsten Blicke in Seele und Anliegen des Meisters werfen können.

Wir folgen einem der – wenigen – seriösen Nostradamus-Forscher, dem US-Amerikaner Edgar Leoni, wenn wir Chavignys Selbstdarstellung bezweifeln. Denn im Testament des Nostradamus (s. S. 138ff.) werden zwar in großer Ausführlichkeit diverse Familienmitglieder und Bekannte erwähnt und mit Legaten bedacht – doch kein Wort von Chavigny, der dem Meister also nicht so eng verbunden gewesen sein kann, wie er es im nachhinein vorgab. Dies wird

10 Dieser Stich von A. Robida, erschienen 1893 in dem Werk ›La Vieille France‹, zeigt **Nostradami Geburtshaus** in Saint-Rémy. Erhalten haben sich in stark restaurierter Form nur die linken Partien des einst stattlichen Bürgerhauses.

auch darin deutlich, daß Nostradami Sohn César, der eine ›Geschichte der Provence‹ (seit der Sintflut) schrieb und darin auch auf das Leben seines berühmten Vaters einging, sich über Jean-Aimé de Chavigny ausschweigt.

11 César, Nostradami ältester Sohn, auf dem Frontispiz seiner Provence-Chronik

Mit den erwähnten Ausführungen über seinen Vater ist César der zweite »Zeitzeuge«, und mit Ausnahme der kurzen, bereits erwähnten Bemerkungen, die Nostradami Bruder Jehan in seiner Provence-Chronik der Familienherkunft widmet, ist alle andere Nostradamus-Literatur »aus zweiter Hand« geschrieben. Aber auch Jehan und César zeigen sich weniger an einer Biographie des Bruders bzw. Vaters interessiert, als damit beschäftigt, die Familienlegende derart zu festigen, daß sie bis heute kursiert. Den Prophezeiungen seines Vaters, die er als »dunkle Verse in sibyllinischer Manier« bezeichnet, brachte César entsprechend nur wenig Anteilnahme entgegen. Es ging ihm mehr oder minder darum, den Ruhm des Vaters für den eigenen sozialen Aufstieg zu nutzen.

Unsere letzte Quelle ist Nostradamus selbst, der sich in seinen verschiedenen Schriften, so den Almanachen, zuweilen über sein Leben äußert. Solche Äußerungen sind aber stets selektiv. Gibt z. B. das ›Opuscule‹, ein Werk von 1555, recht ausführlich Auskunft über die Pestepidemie von 1546 in Aix-en-Provence (wobei der Prophet seine eigenen medizinischen Leistungen in ein rosiges Licht setzt), so schweigt er sich über andere Lebensabschnitte vollständig aus. Und natürlich sind die meisten seiner autobiographischen Darlegungen weder zu

Unterricht und Analphabetentum
Die Erziehung der Kinder war im 16. Jh. noch nicht durch Volks- oder Grundschulen geregelt, sondern dem Familie überlassen. Dies bedeutete, daß der Großteil der Bevölkerung analphabetisch war, denn all die Bauern, Handwerker und Land- wie Stadtarmen, die weder lesen noch schreiben konnten, vermochten ihren Nachkommen natürlich nichts dergleichen zu vermitteln. Es gibt empirische Untersuchungen, die aus der Zahl der Unterschriften, die unter kirchliche, fiskalische und juristische Texte einer Zeit gesetzt wurden, den Grad der Alphabetisierung der jeweiligen Gesellschaft erschließen

bestätigen noch zu widerlegen; man mag sie glauben oder auch nicht.

Die Jugendjahre

Die Quellen schütten also nicht, sondern sie tröpfeln, und über ihre Qualität läßt sich auch nichts Genaues sagen. Dies jedenfalls berichten sie:

Michel zeigte bereits in jungen Jahren Begabung und wurde, so Chavigny, zu Jean de Saint-Rémy, seinem Großvater mütterlicherseits, geschickt, der ihm erste Grundlagen des Lateinischen, Griechischen und Hebräischen vermittelte, dazu in die Mathematik und die Astrologie einführte. Ernst R. Ernst weist, obwohl er die Namen der Großväter verwechselt, mit Recht darauf hin, daß dies »einfach nicht stimmen« kann, denn wahrscheinlich lebte Jean de Saint-Rémy zu dieser Zeit gar nicht mehr. Warum Jaume de Nostredame, der Vater, der damals als Notar tätig wurde und in der Rue de l'Hôpital von Saint-Rémy residierte (später: Rue des Barré, jetzt: Rue de Hoche; das Haus, Nr. 6, ist erhalten), seinen Erstgeborenen nicht unterrichtete, ist unbekannt. Überhaupt erscheint der Vater im Vergleich zu den dominierenden Großvätern, »die sehr tüchtig in der Mathematik wie in den medizinischen Wissenschaften und Leibärzte mehrerer Fürsten und Könige waren« (um den Familienmythos noch einmal in den Worten Chavignys zu zitieren), auch in der Schilderung Césars immer in einer Schattenrolle, als blasse Hintergrundfigur. Erst nach dem Tod des Großvaters Jean soll der kleine Michel ins elterliche Haus zurückgekehrt sein. Nun wurde er aber wiederum nicht vom Vater oder einem eigens bestellten Hauslehrer, sondern angeblich von Pierre, seinem Großvater väterlicherseits, dem Getreidehändler, unterrichtet. Doch wäre Pierre, dessen Todesdatum aus den erhaltenen Archivunterlagen leider nicht hervorgeht, um diese Zeit bereits ein

wollen. Sie sind nicht unumstritten und berücksichtigen u. a. nicht, daß sehr viel mehr Menschen z. B. des 16. Jh. besser lesen als schreiben konnten, ebensowenig aber, daß andererseits viele die eigene Unterschrift zu krakeln wußten, jedoch auch nicht mehr. Dennoch werden die französischen Historiker alles in

allem recht haben, wenn sie für die Zeit des Nostradamus eine Rate von annähernd 75 % Analphabeten annehmen. Bei den Frauen liegt sie mindestens 10 % höher als bei den Männern. Michel de Nostredame gehörte als Sohn eines Notars und Enkel gebildeter und vermögender Händler also zu den Privilegierten.

Greis von 90 oder mehr Jahren gewesen – wenn er denn überhaupt noch lebte. Auch diese Episode dürfte also Teil der Familienlegende sein. Die tatsächlichen Abläufe werden sich nur durch neue archivalische Funde rekonstruieren lassen, ein Hauslehrer ist wahrscheinlich.

Wenn wir Chavigny Glauben schenken, hatte Michel mit 16 Jahren offenbar alles aufgenommen, was in den weißhaarigen Männerköpfen der Familie – von den Frauen ist nach der Eheschließung nicht mehr die Rede – an Wissen und Weisheit vorhanden war. Im Jahre 1520 wurde er nach Avignon, der Geburtsstadt des Vaters, geschickt, um dort die sieben Freien Künste zu studieren: Grammatik, Rhetorik, Dialektik/Logik, Arithmetik, Geometrie, Astronomie, Musiktheorie. Der Unterricht erfolgte in lateinischer Sprache, die Michel zu diesem Zeitpunkt also bereits hinreichend beherrscht haben muß.

Das Lieblingsfach des jungen Mannes soll schon damals die Astronomie gewesen sein, die sich zu jener Zeit freilich nicht als exakte, empirische Wissenschaft, sondern vielmehr als eine seltsame Mischung von Himmelskunde, wie wir sie heute verstehen, und Astrologie darstellte. Angeblich galt Michel bei seinen Klassenkameraden sogar als »der kleine Astrologe«, und Vater Jaume, dem solche unpraktischen Tendenzen nicht recht geheuer waren, soll sich darüber ernsthaft beunruhigt haben.

Drei Jahre lang ging Michel in Avignon zur Schule. Es war eine merkwürdige Stadt, deren Atmosphäre, so darf man annehmen, den Jungen geprägt hat. 1309 hatte Philipp IV. der Schöne von Frankreich den korrupten Papst Clemens V. in die Provence holen können, wo er als Marionette des weltlichen Machthabers fungierte. Die »Babylonische Gefangenschaft« des Papsttums hatte begonnen. Die amerikanische Historikerin Barbara Tuchman schreibt in ihrem Buch ›Der ferne Spiegel‹: »In den nächsten

---

Die Freien Künste
Die *artes liberales* (auch: *liberales doctrinae* oder *artes ingenuae*) hatten sich in ihrer Siebenzahl seit der Spätantike konstituiert. Als »freie« Künste oder Lehren galten sie, weil keine »unfreie« Handarbeit sie begleitete. Die ersten drei Disziplinen wurden seit karolingischer Zeit als

trivium, die vier letzten als *quadrivium* zusammengefaßt.

12 Mit seinen zinnenbewehrten Türmen ragt der Papstpalast von Avignon empor.

Jahren wurde Avignon unter sechs französischen Päpsten praktisch ein weltlicher Staat, der aufwendigen Pomp trieb, große kulturelle Anziehungskraft ausübte und einer uneingeschränkten Simonie – dem Ämterkauf – huldigte.« Entsprechend nennt Petrarca, der hier einen Teil seiner Jugend verbrachte, das päpstliche Avignon »eine Abfallgrube, in der sich aller Unrat der Welt sammelt«.

Der junge Michel de Nostredame fand freilich nur noch die steinernen Hüllen jener Babylonischen Gefangenschaft vor, denn am 13. September 1373 hatte Papst Gregor XI. Avignon verlassen und war nach Rom zurückgekehrt. Aber noch 1417 residierten Gegenpäpste in Avignon, und bis 1791 verwaltete ein Legat der römischen Kurie die Grafschaft Venaissin mit Avignon als Hauptstadt. Die Stadtmauer, die Avignon mit 4,5 km Länge und gekrönt »mit Gottes Zinnen« (Karl Drude) umzog, war von den Päpsten ins Werk gesetzt worden und bestimmte zusammen mit dem Papstpalast – eher eine Trutzburg denn eine Residenz – das Bild der Stadt, so wie es Michel de Nostredame wahrnahm. An den Sonntagen wird der Schüler in der ur-

13 Die Reste des Pont Saint-Bénézet in Avignon

sprünglich romanischen Kathedrale Nôtre-Dame-des-Doms, die bis heute zu den Sehenswürdigkeiten der Stadt gehört, die Messe besucht haben. Michel konnte sogar noch in ganzer Länge – und das waren stolze 900 m – über den Pont Saint-Bénézet gehen, welcher damals mit 21 Bögen die Rhône überspannte. Die mittelalterliche Brücke, ein technisches Wunderwerk ihrer Zeit, wurde erst 1669 nach einem Hochwasser aufgegeben, ist heute auf vier Joche reduziert, indes das Wahrzeichen von Avignon geblieben und durch das Lied ›Sur le pont d'Avignon‹ im 19. Jh. weltweit bekannt geworden.

Wo Michel de Nostredame während seiner Schulzeit in Avignon lebte, wissen wir nicht genau. Es gab dort jedoch eine Tante namens Margarete, verheiratet mit einem gewissen Pierre Joannis; vielleicht fand der Schüler hier Unterkunft. Da sein Vater und sein Großvater aus Avignon stammten, dürfte es in jedem Fall Beziehungen gegeben haben, aus denen der Schüler Dach und Brot gewann. Auf eines der Schülerwohnheime war er wohl nicht angewiesen.

Medizinstudium

Wie gesagt, war der Vater angeblich nicht recht glücklich über die astronomisch-astrologischen Neigungen seines Erstgeborenen. So bestimmte er, daß Michel nach dem Abschluß der Schulzeit ein Studium der Medizin in Montpellier aufnehmen solle, der bedeutendsten Stadt der südfranzösischen Landschaft Languedoc. Man schrieb das Jahr 1522. Es sollten drei Jahre Studium an der bereits 1283 gegründeten Universität von Montpellier folgen.

Kein Ausbildungsplatz auf französischem Boden war seinerzeit, was die Medizin anging, renommierter als dieser. Der Unterricht angehender Ärzte basierte nicht zuletzt auf der medizinischen Anleitung des aus dem zentralasiatischen Buchara gebürtigen Ibn Sina (980–1037), den das Abendland als Avicenna

14 Illustration einer 1528 in Lyon gedruckten Ausgabe der Schriften Galens. Galen (im Zentrum) wird von Hippokrates und Avicenna flankiert.

kennt. Ibn Sinas enzyklopädischer ›Kanon der Medizin‹ wurde
bis ins 17. Jh. an den medizinischen Fakultäten Europas gelehrt,
und »einige ganz gewissenhafte Ärzte lernten sogar seinet-
wegen Arabisch, um seine Anweisungen im Urtext lesen zu
können« (Gotthard Strohmaier).

Die wissenschaftliche Vorherrschaft des Islam kann übrigens
nur auf den ersten Blick überraschen. Nach dem spätantiken
Untergang des Imperium Romanum in den Brandungsschlägen
der Völkerwanderung war die Krone der Wissenschaft von den
Gelehrten des neuen arabischen Weltreichs aufgenommen worden, die nicht zuletzt die große aristotelische Hinterlassenschaft
bewahrten. Erst im Zuge der Kreuzzüge gelangte das antike
Erbe aus dem arabischen Fundus in die Hände und Köpfe der
europäischen »Barbaren«, als die sie während jener Zeit weithin
gelten müssen. Umberto Ecos berühmter Roman ›Der Name der
Rose‹ thematisiert in ebenso gelehrter wie amüsanter Weise den
Umgang des fundamentalistischen Christentums mit dem »heidnischen« Erbe der Antike am Beispiel eines geheimgehaltenen
Aristoteles-Manuskripts.

Die islamische Medizin tradierte aber nicht nur antikes Erbe –
vor allem das des Pergameners Galen (129–ca. 216 n. Chr.), mit

15 Studenten der medizinischen Fakultät von Salerno (15. Jh.)

dem die Medizin des klassischen Altertums ihren letzten und wohl größten Vertreter hatte –, sondern entwickelte es produktiv weiter. Abd al-Latif (1162–1231), ein berühmter arabischer Arzt aus Bagdad, formulierte programmatisch: »Bei dem größten Respekt, den wir Galen entgegenbringen – was unsere eigenen Augen sehen, verdient größeren Glauben.« Man erkennt in diesen Worten eine Tendenz zur wissenschaftlichen Empirie, der auch die Ausbildung in Montpellier entsprach. Soll heißen, es wurde dort nicht nur ein abstraktes »System« des menschlichen Körpers gelehrt, sondern ganz praktisch, etwa mit der chirurgischen Klinge, gearbeitet. Avicenna, dem man darin folgte, hatte z. B. aus Krankenbeobachtungen und Leichenöffnungen die infektiöse Hirnhautentzündung bestimmt, Lungen- und Rippenfellentzündung unterschieden und die Übertragbarkeit der Lungenschwindsucht diagnostiziert, so wie er als erster erkannte, daß Krebsgeschwulste eines Organs stets die Krebsgefährdung des ganzen Organismus signalisieren. Übrigens hat Avicenna wohl ebenfalls als erster das Phänomen der taumelnd sich bewegenden, da pestinfizierten Ratten beschrieben (s. S. 31).

In die Lehren des genialen Ibn Sina also wurde Michel nun eingewiesen. Weitere Autoritäten, deren Werke die Studenten lasen und mit ihren Lehrern diskutierten, waren der schon erwähnte Galen und Hippokrates. Nicht einmal die Universität von Paris besaß dabei Montpelliers Höhe der Gelehrsamkeit, lediglich die berühmte medizinische Schule von Salerno, die von den Medici-Fürsten reiche Dotationen empfing, hatte ein ähnliches oder sogar besseres Niveau, jedenfalls einen noch besseren Ruf. Seit 1376 gehörte es zu den Privilegien von Montpellier – Ludwig I. von Anjou hatte sie der Universität gewährt –, jedes Jahr den Körper eines hingerichteten Verbrechers sezieren zu dürfen.

Trotz solcher »Modernität« gilt wie für die Astronomie, so auch für die Medizin jener Zeit, daß sie sich der Fesseln der

16 Avicenna/Ibn Sina (980–1037), wie ihn ein Denkmal im zentralasiatischen Buchara zeigt.

Körper und Sternenhimmel
Astrologisches, genauer gesagt: holistisches, nämlich makro-mikrokosmisches Denken bestimmte die Medizin in ihren fortdauernden Versuchen, die einzelnen Körperteile bestimmten Planeten und Sternzeichen zuzuordnen. Der Himmel beherrschte nach dieser

Astrologie noch nicht entledigt hatte. An den Universitäten von Wittenberg und Padua wurde im 16. Jh. sogar offiziell ein Fach namens Medizinische Astrologie gelehrt. Und auch wenn Montpellier fortschrittlicher war, blieb die Chirurgie, für die man hier berühmt war, bezogen auf die Astrologie, etwa in dem Sinne, wie Geoffrey Chaucer (1340–1400) in den ›Canterbury Tales‹ den zum Grab des hl. Thomas Becket pilgernden Arzt vorstellt:»Wenn es zu schneiden galt, dann war er unübertroffen, denn er hatte seine Kunst auf die Astrologie gegründet; stets wählte er der Sterne günstigste Stunde ...«

Michel de Nostredames dreijähriges Studium mündete 1525 in den Erwerb eines Bakkalaureats, des untersten akademischen Grads.»Am Prüfungstag fand zwischen acht und zwölf Uhr ein mündliches Examen statt, wobei der Kandidat sich den Fragen der Professoren gewachsen zeigen mußte, einschließlich ihrer Fangfragen, und eine Gelehrsamkeit bezeugen mußte, die an die der Ausbilder herankam. Danach war es den erfolgreichen Prüflingen gestattet, die schwarze Tracht der Studenten gegen die rote der Akademiker zu tauschen.

Der nächste Schritt für den angehenden Mediziner war der Erwerb einer ärztlichen Zulassung. Um sie zu erlangen, mußte der Kandidat zunächst binnen dreier Monate fünf Vorlesungen halten, deren Themen der Dekan der Fakultät bestimmte. Es folgten die sogenannten *per-intentionem*-Examina; sie bestanden aus vier verschiedenen Prüfungsfragen, die jeweils einen Tag, nachdem sie dem Kandidaten bekanntgemacht worden waren, vor einem – jeweils anderen – Professor beantwortet werden mußten, und zwar in einstündiger Befragung. Manchmal wurden diese Fragen an einem einzigen Tag nacheinander abgehandelt, zuweilen jeweils zwei Fragen an einem Tag. Eine Woche später wurde der Kandidat über einen anderen Krankheitsfall befragt, diesmal durch den Kanzler der Universität

---

Auffassung also den Körper – eine sehr alte, bereits für das pharaonische Ägypten nachweisbare Auffassung, die sich über die klassische Antike bis ins Christentum fortsetzte, wo nun freilich bestimmte »Notheilige« die Patronage über einzelne Organe und Körperteile übernahmen. So wird der hl. Bla-sius, da er nach der Legende einen Knaben vor dem Erstickungstod errettete, von Katholiken bis heute als Helfer gegen Halsleiden angerufen, der hl. Dionysius gegen Kopfschmerzen, die hl. Katharina bei Sprachstörungen, während der hl. Erasmus bei Krankheiten des Unterleibs beistehen soll.

und ohne irgendeine Vorbereitungszeit. Häufig ging es dabei um ein Problem, das in den Vorlesungen noch nie behandelt worden war. Danach mußten die Kandidaten über irgendeine Aussage des Hippokrates bis zum folgenden Tag eine These formulieren. Dieses letzte Paar von Hürden, die zu bewältigen waren, wurde *les points rigoureux* genannt. War der Kandidat, so wie Michel, erfolgreich, erteilte ihm der Bischof von Montpellier die Zulassung« (Edgar Leoni).

Es sei angemerkt, daß die nach unserem Verständnis sehr kurze Studienzeit von drei Jahren die übliche und vorgeschriebene war, daß sie also nicht, wie selbst der sonst so nostradamuskritische James Randi vermutet, eine besonders schnelle Auffassungsgabe des Studenten aus Saint-Rémy erkennen läßt, und es sei betont, daß Michel de Nostredame mit seiner Zulassung noch nicht den Doktortitel erworben hatte und den viereckigen Doktorhut tragen durfte, sondern lediglich die Lizenz besaß, als Arzt zu praktizieren. Letztlich war er damit noch nicht sehr viel mehr als ein Bader, einer jener Sanitäter (wie man sie heute wohl nennen würde), die in einer Badestube beschäftigt waren und nach einer dreijährigen handwerklichen Ausbildung, weiteren drei Wanderjahren und dem Erwerb des Meistertitels ärztliche Behandlungen bis hin zu Operationen und Amputationen vornehmen durften (s. auch Abb. S. 56).

17   Foyer der medizinischen Fakultät von Montpellier

Pest- und Wanderjahre

Die Pest

Das Jahr seines akademischen Erfolgs – 1525 – war verdunkelt durch den Ausbruch einer Pestepidemie in Südfrankreich. Der frischgebackene Arzt, nicht einmal 22 Jahre alt, eilte sogleich zu den Kranken von Montpellier. Daß Michel sich durch große Tatkraft und unorthodoxe Behandlungsmethoden auszeichnete, erfahren wir zwar vornehmlich aus den Lobgesängen Chavignys und Césars, doch erforderte die ärztliche Betreuung von Pestkranken in jedem Falle Mut: Die Ansteckungsgefahr war groß, und die hygienischen Vorkehrungen waren unzureichend, zumal die Ursachen der Krankheit wie die Art ihrer Verbreitung im dunkeln lagen.

Auch sind die Krankheitsbilder, die zeitgenössische Berichte ab dem 14. Jh. ausbreiten, nicht immer eindeutig und häufig sehr wortkarg (»ein grot sterven«, »de grote dod«, »*mortalitas magna*«, in Frankreich häufig einfach »*contagion*« = Ansteckung). Zuweilen mag es sich statt um den Schwarzen Tod (*pestilencia maxima*) um das Fleckfieber gehandelt haben, das die Menschen fällte; andere Seuchen wie etwa der »Englische Schweiß«, der zwischen 1485 und 1530 in Europa grassierte,

18   Die Schreckensherrschaft des Schwarzen Todes. Illustration zu einer 1503 veröffentlichten Ausgabe der Gedichte Francesco Petrarcas.

sind medizinhistorisch bis heute nicht klar gedeutet. Das schnelle Umsichgreifen der südfranzösischen Seuche spricht allerdings dafür, daß es sich tatsächlich um die Beulenpest handelte.

Wenn Nostradamus an ein Lager trat, fand er einen Kranken vor, der schlagartig hohes Fieber (um 40 °C) entwickelt hatte.

Der Schwarze Tod

Beim Erreger der Beulenpest, der sich monatelang auch ohne Wirt erhält, handelt es sich um ein grammnegatives Bakterium (*Yersinia pestis*), das Nagetiere, namentlich die Ratte, und den Menschen befällt. In der Regel geht der Menschenpest eine Rattenpest voraus, und ein indisches Sprichwort lautet:»Wenn die Ratten zu fallen beginnen, ist es Zeit, das Haus zu verlassen.« Denn die durch Aufnahme des Bakteriums erkrankte Ratte kann die Seuche auf den Menschen übertragen. Am häufigsten geschieht dies durch den Rattenfloh (*Xenopsylla cheopis*), der im Rattenpelz lebt, aber auch auf den Menschen übergeht. Sticht er eine pestkranke Ratte, so saugt er mit deren Blut in großer Zahl Pestbakterien ein; sticht er bald danach einen Menschen, fließen aus dem Vormagen, wo das pestkranke Blut aus dem ersten Stich gesammelt ist, einige der Erreger zurück in den Blutstrom des Gestochenen. Der Mensch erkrankt an der Pest. Dies jedenfalls ist die klassische Theorie. Andere Sozialhistoriker wollen auch den Menschenfloh (*Pulex irritans*) für die Übertragung von Mensch zu Mensch verantwortlich machen. Jedenfalls hat man bezweifelt, daß die ungeheuren Totenzahlen, die für die ersten und besonders foudroyanten Ausbrüche der Beulenpest im 14. Jh. errechnet wurden, allein auf die Übertragungskette Ratte-Rattenfloh-Mensch zurückgeführt werden können, denn die Letalität der Krankheit, wie man sie im 19. Jh. etwa in Indien oder Ägypten beobachten und statistisch erfassen konnte, ist deutlich geringer als jene im spätmittelalterlichen Europa. Auch hat sich das Krankheitsbild etwas abgemildert: Während sich bei den mittelalterlichen Pestkranken schwarze Flecken und Karbunkel (daher die Bezeichnung »Schwarzer Tod«) über den ganzen Körper ausbreiteten, sind die Beulen bei Krankheitsfällen des 20. Jh. zumeist auf die Leistengegend beschränkt (daher auch »bubonische Pest«). Die überzeugendste Erklärung für diesen Wandel in Erscheinungsbild und Aggressivität des Erregers liegt darin, daß *Yersinia pestis* seit dem Mittelalter genetische Mutationen durchlaufen hat. Aus den besonders bösartigen Stammvariationen des Pestbakteriums haben sich offenbar weniger gefährliche Abarten ausgebildet. Nach Auffassung einiger Forscher forderten schon die Pestepidemien des 15. Jh. – also auch die, denen sich Nostradamus in Südfrankreich zu stellen hatte – weniger Menschenleben als der berüchtigte Ausbruch Mitte des 14. Jh., in dessen Verlauf der Schwarze Tod etwa ein Viertel der europäischen Bevölkerung dahinraffte. Dagegen ist die Vermutung, die Bevölkerung habe sich nach den ersten Krankheitswellen immunisiert und die Todesmarge sei deshalb gesunken, medizinisch nicht haltbar. Zwar ist der von der Pest Genesene tatsächlich resistent gegen eine Neuansteckung, aber nur für etwa zehn Jahre. Und natürlich vererbt sich eine solche Widerstandskarft nicht.

Die Angehörigen waren nicht nur über den Krankheitsfall betroffen, sondern auch persönlich verängstigt, denn sie hatten eine vage Vorstellung davon, daß schlechte Luft, sogenanntes Miasma, für die Pesterkrankung verantwortlich wäre. Giftige Luft aus dem Erdinnern galt ihnen als Anlaß dafür, wenn die Ratten aus unterirdischen Quartieren auf die Straßen taumelten und dort verendeten (s. auch S. 26). Hatten auch sie, die Angehörigen, etwa das Miasma eingeatmet? Oder haftete es noch an dem Pestkranken? Man verstand allerdings nicht, daß dieser selbst ansteckungsfähig geworden war, daß sein Speichel, daß seine Ausscheidungen, daß vor allem der Eiter aus den angeschnittenen Pestbeulen wie auch sein Blut die Krankheit übertragen konnten (bei der noch gefährlicheren Lungenpest auch das Aerosol, der feuchte, von Krankheitskeimen durchsetzte Atem des Kranken). Und man verstand noch weniger, daß etwa das Bettzeug kontaminiert war, daß Nahrungsmittel, in die der Kranke gebissen, die er aber nicht verzehrt hatte, ob Schwarzbrot oder Kartoffeln, wochenlang ansteckend blieben, daß man den Becher, aus dem er getrunken hatte, nicht ohne gründlichste Säuberung für sich selbst füllen durfte.

Das heißt, es gab wohl eine geheime, aber nicht klar zu artikulierende Furcht davor. War eine ganze Familie durch die Pest untergegangen, mied man das verwaiste Haus. Es hieß, die Krankheit »hafte« an ihm. Ein durchaus nicht abwegiger Gedanke, wenn man sich an die wochen-, ja monatelange Überlebenskraft der Pesterreger erinnert.

Die Infektion war zwischen zwei und zehn Tagen vor dem Fieberausbruch des Erkrank-

19 Sterbebettszene aus einem Stundenbuch des 15. Jh. Hinten links steht der Arzt und begutachtet die Harnprobe des Patienten. Im Vordergrund bereitet ein Geistlicher die Letzte Ölung vor.

ten erfolgt, sei es durch Stich des Rattenflohs, sei es durch Direkt-
übertragung (Biß, Blut, Kot von infizierten Ratten oder durch
Ausscheidungen, vor allem Blut und Eiter, infizierter Menschen)
in den eigenen Körper, insbesondere die Blutbahnen. Nach dem
Fieberanstieg begannen die Lymphdrüsen ei- oder sogar apfel-
groß anzuschwellen, stets im Leisten- und Achselhöhlenbereich,
aber auch am Hals und am Hinterkopf. Zugleich bildeten sich
bei der mittelalterlichen Variante der *Pestis vera* oder *maxima*
dunkle Flecken brandigen Gewebszerfalls um die Flohstichstel-
len. »Oft tritt anfangs Schüttelfrost auf, dazu heftige Kopf-
und Gliederschmerzen, Lichtscheue und körperliche Schwäche.
Durchfall oder Stuhlverhalten sind häufig. Zu den Initialsym-
ptomen zählen ferner eine lallende Sprache und ein taumelnder
Gang, der an einen Betrunkenen denken läßt. Die Kranken sind
unruhig und nicht leicht im Bett zu halten – glaubhaft sind
Schilderungen in mittelalterlichen Quellen, daß die Kranken sich
auszogen und nackt auf die Straße liefen. Als *facies pestica* bezeichnen einige Autoren das ängstliche, apathische Gesicht der
Kranken; die Augenbindehäute sind gerötet. Die psychischen
beziehungsweise neurologischen Ausfallerscheinungen der Pest
sind auf ein Stoffwechselprodukt zurückzuführen, das der Pesterreger ausscheidet – dieses Gift ist es auch, das den Tod der
Kranken herbeiführt« (Manfred Vasold). Dieser Tod erfolgt in
25 bis 50 % der Fälle um den vierten Tag nach Fieberausbruch
durch Lähmung des Zentralnervensystems.

Was hatte die zeitgenössische Medizin, was hatte Nostradamus (der uns erschütternde Berichte über seine Tätigkeit in Aix
hinterlassen hat) gegen diese schwere, häufig tödliche Krankheit nun an ärztlicher Hilfe aufzubieten? Nach astrologischer
Manier machte man primär den Stand der Gestirne für den
Ausbruch der Seuche verantwortlich. Als wichtigstes ärztliches
Mittel galt der Aderlaß. Hatte nicht der große pergamenische

Die Krankheitslehre dieser hippokratisch-galenistischen Schulmedizin
war die sogenannte Humoralpathologie (Säftepathologie). Krankheit war
definiert als Störung des Gleichgewichts der vier Körpersäfte Blut,
Schleim, Galle und schwarze Galle. Das pathologische Säftegemisch wirkt
danach entweder lokal oder im ganzen Körper, wobei die Physis, die
›Natur‹ des Kranken, versucht, sie durch Kochung (›Pepsis‹) zu neutra-
lisieren. Das akute Stadium einer Krankheit, meist mit Fieber oder Ent-
zündung einhergehend, wird in der sogenannten Krisis entschieden. Ent-

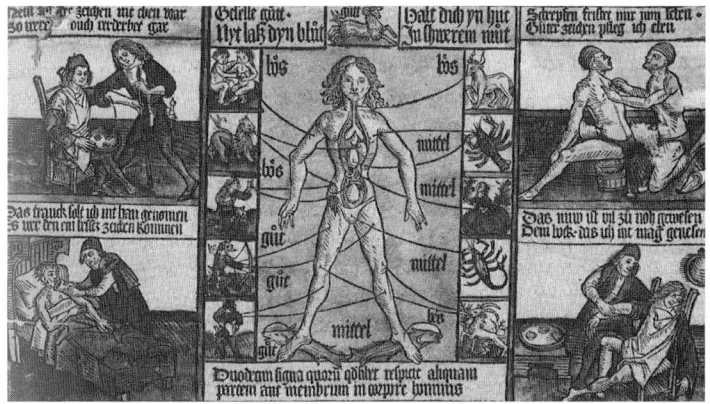

20 Holzschnitt des 15. Jh. mit Angaben zu den geeigneten Aderlaßstellen

Arzt Galen, neben Avicenna und Hippokrates immer noch das Idol der mittelalterlichen Medizin Europas (s. S. 25f.), berichtet, er habe sich vermittels Aderlässen der Ansteckung durch die asiatische Pest entzogen?

Wie immer aber, wenn etwas grundsätzlich Gebilligtes keine Hilfe bringt, wanderte der Blick aufs Detail. Aderlaß – ja! Aber wo sollte man den Schnepper ansetzen? Darüber wurde in den verschiedenen Pesttraktaten, die ab 1348 erschienen, heftig gestritten. Ohne Zweifel hat gerade die Berührung der Bader, Ärzte und Helfer mit kontaminiertem Blut die Seuche verbreiten helfen, zumal man das abgeschröpfte Krankenblut bedenkenlos in die Gosse oder in stehende Gewässer »entsorgte« und den Schnepper nicht gründlich desinfizierte, sondern nach oberflächlicher Reinigung neu einsetzte.

Über den Aderlaß hinaus wußten die Ärzte sich wenig Rat, abgesehen davon, daß sie den Kranken Abführmittel, herzstär-

weder überwältigt die Krankheit dann den Organismus, oder es kommt zur Ausscheidung der Krankheitsmaterie. Die Therapie wurde dementsprechend nach dem Prinzip *contraria contrariis* durchgeführt, das heißt, das Entgegengesetzte wurde mit dem Entgegengesetzten behandelt. Wichtig war es beispielsweise, die schlechten Körpersäfte durch Abführ- oder Brechmittel oder durch Aderlaß auszuscheiden.

Udo Benzenhöfer, 1997

21 Holzschnitt vom Anfang des 16. Jh., der Kranke im Hôtel-Dieu von Paris darstellt. Links unten werden die Verstorbenen in Leichentücher gehüllt.

kende Arzneien und Diät verordneten, mit denen der lebensgefährlichen Seuche aber natürlich nicht beizukommen war. Ebensowenig mit den gängigen Kräutertränken, Schlammbädern oder Senfpflastern. Paracelsus (s. S. 46), ein Zeitgenosse des Nostradamus, hatte in der Tradition der medizinischen Alchemie darüber hinaus begonnen, die Kranken mit nicht-organischer Materie zu behandeln, darunter Blei, Quecksilber, Kupfer und Selen sowie mineralische Stoffe, die ihm als reiner galten als die natürlichen Heilmittel. Da man die Luft für einen Krankheitsträger hielt – was in der Tat für die Lungenpest, nicht aber für die Beulenpest zutrifft –, stellte man im Zimmer der Kranken Räucherpfannen auf und verbrannte Duftstoffe. Dies war ein ebenso altes wie nutzloses Rezept, das schon der Antike bekannt war; bereits der Historiker Herodian (2./3. Jh. n. Chr.) hatte z. B. formuliert: »Wohlgeruch erfüllt die Poren der Sinneswerkzeuge und hindert sie, den in der Luft befindlichen Peststoff aufzunehmen.«

Immerhin räucherte man an den Betten der französischen Pestkranken zuweilen auch beißend kokelnden Schwefel oder

Die Quarantäne

Das südfranzösische Marseille gehörte zu den Städten, welche schon 1384 die Pest durch eine vierzigtägige Absonderung abzuwehren suchten. Nach dem italienischen *quaranta* = 40 ist diese Maßnahme bis heute als Quarantäne bekannt. Die Mannschaften eingelaufener Schiffe durften die Planken während dieser Zeit nicht verlassen und die Stadt erst nach Verstreichen der Vierzig-Tage-Frist betreten. Da aber gleichzeitig die Ladungen der Schiffe gelöscht wurden, gelangten mit ihr häufig genug doch infizierte Ratten und der Schwarze Tod in die Stadt. Übrigens auch andere Krank-

Kampfer ab. Das hatte wenigstens den positiven Effekt, daß es die Ratten vertrieb.

Seit die Stadt Venedig 1423 ein erstes Pestlazarett errichtete, waren zunächst in Italien, dann auch im deutschen und französischen Raum Siechenhäuser entstanden, in denen man während der Seuchenschübe die Kranken isolierte, so etwa das dem hl. Rochus geweihte Spital am Hafen von Marseille oder das Hôtel-Dieu in Paris. Die meisten Kranken wurden jedoch in der Familie betreut, und so wird der junge Pestarzt Michel de Nostredame in der Regel von Haus zu Haus gegangen sein, um mit Harnschau (s. Abb. S. 31) und Pulsmessung, den beiden wichtigsten diagnostischen Verfahren jener Zeit, den Krankheitseintritt zu bestimmen und den Erkrankten die Beulen mit dem Messer zu öffnen, damit der Eiter ausfließen konnte. Unklar ist, ob Nostredame bei seinen Visiten bereits die Gesichtsmaske und den Übermantel trug, mit dem die vorsichtigeren Pestärzte sich ab dem ersten Viertel des 16. Jh. gegen das Pest»miasma« zu schützen suchten.

Stationen der Pestjahre

Zunächst war Michel de Nostredame in Montpellier selbst tätig, bald darauf auch in der Umgebung der Stadt. Nächste Station war Narbonne, wo er angeblich die Zeit fand, sich von Alchemisten unterrichten zu lassen; es soll sich dabei um zum Christentum konvertierte Juden gehandelt haben. Unter ihrer Alchemie sollte man sich übrigens weniger eine Geheimwissenschaft auf der Suche »nach den letzten Dingen« als eine ganz praktisch orientierte Frühform der Pharmazie vorstellen, die sich um Salben, Duftwässer und Konfitüren bemühte. Der junge Nostradamus scheint hier viel gelernt zu haben, denn drei Jahre später entwickelte er eine Quitten-Marmelade und präsentierte sie stolz Kardinal Clermont, dem päpstlichen Legaten und Herrn von Avignon, dazu dem dort ansässigen Großmei-

---

heiten, denen mit einer Quarantäne nicht beizukommen war, etwa die Syphilis, die angeblich von Matrosen des Columbus von den Westindischen Inseln nach Europa eingeschleppt wurde und im 16. Jh. mit besonders schwerem Krankheitsbild aus dem französischen Raum – daher ihr damaliger Beiname »Franzosenkrankheit« oder »*Morbus Gallicus*« – in weite Teile Europas vordrang.

ster des Malteser-Ordens. Zuvor aber gastierte er noch in drei anderen Städten.

Angeblich hatte er sich durch seine Pestkuren bereits einen gewissen Ruf erworben, denn in Carcassonne, der ersten dieser Städte, betreute er nach eigener Aussage schon den örtlichen Bischof, einen gewissen Ammenien de Fays. Ein »Lebenselixier« will Nostradamus dem Bischof verschrieben haben, um ihm so Widerstandskraft gegen den Schwarzen Tod zu verleihen.

Nostradamus sagt hier nachweislich nicht die Wahrheit. Der Bischof von Carcassonne hieß zu jener Zeit Martin de Saint-André; er war zwischen 1521 und 1545 im Amt. In seinem gründlichen Werk ›Nostradamus. Life and Literature‹ (1961) versucht Edgar Leoni die Lüge des jungen Arztes als ein bloßes Versehen zu erklären oder auch damit, jener Ammenien de Fays sei vielleicht nicht Bischof, aber doch eine hohe Gestalt der kirchlichen Hierarchie gewesen. Dem mag so sein. Wir erkennen in der falschen Angabe jedoch eher die Fortsetzung jener bereits in der »Familienlegende« (s. S. 16ff.) erkennbaren Versuche, um jeden Preis soziales Renommee zu gewinnen, und sei es durch bewußte Fälschung der Biographie.

Die Zeiten waren jedenfalls nicht nur durch die Pest schwer. 1523 setzte der Winter besonders früh ein und war so hart wie seit langem nicht. Das junge Korn wurde vom Frost verzehrt, und ganz Frankreich ächzte unter einer Mißernte. Im Jahre 1524 wiederum zogen marodierende Heere, Deutsche und Spanier im Solde Karls V., der in immer neue Auseinandersetzungen mit Franz I. verstrickt war, durch den französischen Süden.

Unter solchen Bedingungen bekämpfte Michel de Nostredame den Schwarzen Tod. Toulouse war die nächste Station des wandernden Pestarztes, der hier etliche Monate in der Rue de Triperie nicht weit von der Place du Capitole lebte. Danach zog es ihn nach Bordeaux, wo die Seuche besonders heftig wütete, schließlich nach Avignon, dem Ort seiner Schulzeit. Dort soll er viele Stunden in den Bibliotheken verbracht haben, »und es mag hier gewesen sein, daß er erstmals auf Werke der Magie und des Okkulten stieß, Werke, die ihn tiefgründig beeinflussen sollten« (Edgar Leoni).

Nun läßt sich zwar eine klare Scheidelinie zwischen Wissenschaft und Astrologie oder Magie, wie oben schon angedeutet, für die Umbruchzeit des 15. und 16. Jh. gar nicht ziehen, doch könnte Michel de Nostredame bei seinen damaligen Studien auf das Werk ›De mysteriis Ægyptorum‹ gestoßen sein, in dem der nordsyrische Mystiker Iamblichos (250–ca. 330) neuplatonische Lehren so konkret wiedergab, daß man daraus praktische Anweisungen für magische Rituale und Anrufungen ableiten konnte. Der große Renaissance-Gelehrte Marsilio Ficino (1433–1499) hatte 1497 in Venedig eine lateinische Übersetzung des griechischen Originals veröffentlicht. Parallelen zwischen dem Buch des Iamblichos und zwei Vierzeilern des Nostradamus sind auffällig (s. S. 79f.). Aber überhaupt ist Nostradami Horizont in einer leider wissenschaftlich noch nicht annähernd erschlossenen Weise von den antiken Konzepten erfaßt, die Iamblichos anbot.

Daß der junge Arzt in den Pestjahren Gelegenheit zu solchen okkulten Studien oder auch zur Kreierung einer Quitten-Konfitüre fand, ergibt sich übrigens aus dem Infektionsrhythmus der Pest. Der Rattenfloh ist sommeraktiv, bei Temperaturen unter

◄ 22 Die eindrucksvollen doppelten Ringmauern von Carcassonne, Bischofssitz seit dem 6. Jh.

23 Marsilio Ficino, wie ihn Domenico Ghirlandaio auf der rechten Seitenwand der Hauptchorkapelle von S. Maria Novella in Florenz darstellt.

10 °C fällt er in eine Art Winterstarre. So ergaben sich auch bei der Verbreitung der Pest stets Spitzenwerte in den Sommermonaten, vor allem im August und September, während die Krankheit im Winter abflaute und zuweilen sogar ganz zum Erliegen kam.

Doktor Nostradamus

Im Jahre 1529 kehrte Michel de Nostredame zurück nach Montpellier, am 23. Oktober schrieb er sich ein in das Register der Universität. Die Immatrikulation in Latein ist erhalten und lautet in der Übersetzung: »Ich, Michel de Nostredame, der Landschaft Provence, der Stadt Saint-Rémy und der Diözese Avignon zugehörig, habe mich zum Studium an die Universität von Montpellier begeben, deren Regeln, Rechte und Privilegien ich jetzt und in Zukunft mit Gottes Gnade zu wahren gedenke. Ich erkenne diese Regeln an und habe Antoine Romier zu meinem Mentor erwählt.«

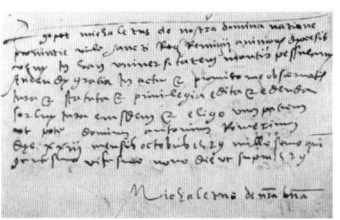

24 Faksimile der Einschreibung

In der nostradamischen Literatur wird gelegentlich der Eindruck erweckt, Michel de Nostredame habe 1525, einem hl. Georg gleich, der gegen den Drachen zieht, seine Ausbildung nur unterbrochen, um der Pest zu trotzen, und wäre vier Jahre später, nachdem er sie besiegt hatte, zurückgekehrt, um seine Studien abzuschließen. Tatsächlich entsprach es jedoch den Ausbildungsgepflogenheiten, daß ein junger Arzt, der die Zulassung erhalten hatte, praktische Erfahrungen sammelte, indem er sich drei oder vier Jahre auf die Wanderschaft begab. Ärztliches Praktizieren mußte seinerzeit also jenen handwerklichen Kriterien entsprechen, die für Bader und Wundärzte galten, die ja

25 **Kommilitone Rabelais** Um dieselbe Zeit, in der sich Nostradamus auf seine Promotion vorbereitete, nämlich 1530, studierte François Rabelais, der bedeutendste Schriftsteller der französischen Renaissance, in Montpellier. Rabelais war neun Jahre älter als Nostradamus, zuvor jedoch über viele Jahre Franziskaner bzw. Benediktiner gewesen und in seiner medizinischen Ausbil-

ebenfalls ein drei- oder vierjähriges Praktikum zu durchlaufen hatten, ehe sie zur Meisterprüfung zugelassen wurden.

Michel de Nostredames ärztliche »Meisterprüfung« war das Doktorat, auf das er sich unter der Anleitung von Antoine Romier, »einem der bekanntesten Medizinprofessoren der damaligen Zeit« (Helmut Werner), vorbereitete. »Die neue Folge von Prüfungen war bekannt als *les triduanes*. Der Kandidat präsentierte eine Liste von zwölf Themen, auf die er sich vorbereitet hatte. Sechs dieser Themen wurden ausgewählt, drei vom Dekan, drei durch das Los« (Edgar Leoni). Ein Kollegium von Professoren nahm die Prüfung ab, der Kandidat hatte seine Thesen zu den Sachgebieten und -fragen vor diesem Gremium zu verteidigen. Bei Michel de Nostredame gehörten auch seine unorthodoxen Behandlungsmethoden als Pestarzt zu den Prüfungsgebieten, der Kandidat hatte sie also bewußt zum Thema gemacht. Er bestand die Prüfung und war nun, im Jahre 1530, nicht nur lizenzierter Arzt, sondern Doktor der Medizin, als solcher ausgewiesen durch einen goldenen Ring und vor allem durch den schwarzen Doktorhut, den er künftig auf allen Portraits tragen sollte (s. z. B. Abb. S. 115). Wie es Brauch unter den Doktoren und Gelehrten der Zeit war, latinisierte Michel de Nostredame nun seinen provenzalisch-französischen Namen: Aus No(s)tredame wurde Nostradamus.

Offenbar hatte Nostradamus die Doktorprüfung nicht bloß bestanden, sondern Eindruck gemacht, denn die Universität bot ihm eine Stellung an der medizinischen Fakultät an: als Assistenzarzt, wie man heute sagen würde. Zweifellos neigt Jean Astruc 1767 in seinen ›Memoires pour servir à l'Histoire de la Faculté de Montpellier‹ (1767) zu nostradamischer Übertreibung, wenn er behauptet, Michel sei in dieser Universitätszeit sogar zum Professor aufgerückt. Dies müßten die erhaltenen Register der Professorenschaft ausweisen; sie tun es aber nicht. Nein,

dung längst nicht so weit wie der Jüngere. Nach dem Erwerb des Bakkalaureats und damit der ärztlichen Lizenz ging er im Zuge seines Praktikums als Hospitalarzt nach Lyon; 1537 erwarb er den Doktortitel. Ohne Zweifel haben Rabelais und Nostradamus sich gekannt, denn ein Studium in Montpellier war weit entfernt von der Anonymität heutiger Massenuniversitäten. Zumal innerhalb derselben Fakultät waren die Immatrikulierten durchaus miteinander vertraut, doch scheinen die beiden späteren Zelebritäten einander nicht sonderlich beeindruckt zu haben.

Nostradamus wirkte als Assistenzarzt. Etwa eineinhalb Jahre war er in dieser Funktion tätig. Wie es scheint, gab es aber Spannungen mit der Professorenschaft, und Edgar Leoni vermutet, daß Nostradamus von der alltäglichen Praxis des Blutschröpfens abrückte und dadurch mißliebig wurde. Sollte dies zutreffen, wäre auch Licht auf die »unorthodoxen Verfahren« bei der Pestbehandlung geworfen. Der Verzicht darauf, die fiebernden Kranken durch Aderlaß (der von manchen Ärzten und Badern täglich wiederholt wurde!) zu »behandeln«, sprich, sie weiter zu schwächen, könnte eine Erklärung sein für Michel de Nostradames guten Ruf als Pestarzt – und würde auch erklären, warum er sich nicht infizierte wie so viele andere Ärzte und Bader bei ihrem alltäglichen Hantieren mit kontaminiertem Blut.

Zusammenarbeit mit Scaliger

Ein Maultier trug 1532 die Habseligkeiten – darunter die Bücher und medizinischen Gerätschaften –, mit denen Nostradamus Montpellier verließ. Die Universität konnte sich nicht mit dem eigenwilligen Mediziner anfreunden, dieser umgekehrt nicht mit den Gepflogenheiten der Fakultät. Der junge Arzt kehrte zunächst nach Bordeaux zurück, wo er in der Pestzeit zweifellos vorteilhafte Beziehungen geknüpft hatte, zog dann weiter in die Hafenstadt La Rochelle, die im Zuge des sich ausweitenden Atlantikhandels als Kaufmannsrepublik immer bedeutsamer wurde, und ließ sich zuletzt in Toulouse nieder, einer weiteren Station seiner Jahre als Pestarzt.

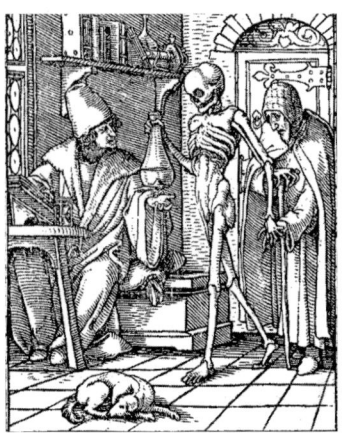

Hier erreichte ihn 1533 oder 1534 ein Brief des bedeutenden Humanisten Julius-Caesar Scaliger. Scaliger, am 23. April 1484 als Giulio Cesare Scaligero (oder Bordoni?) in Riva

26 Holzschnitt von Hans Holbein d. J. (1497–1543). In 41 Bildern zeigt Holbein 1538, wie der Tod in allen Schichten wütet. Hier erhält der Arzt selbst Besuch vom Knochenmann. Der spöttische lateinische Kommentar: »*Medice, cura te ipsium*« (Arzt, heile dich selbst) ist dem Lukas-Evangelium (IV,23) entnommen.

am Gardasee geboren, hatte in Padua als Arzt praktiziert und sich als Soldat ebenso ausgezeichnet wie als Philologe. Sein Hauptwerk, eine Poetik (›Poetices libri septem‹), noch im 17. Jh. viel gelesen und einflußreich, erschien erst 1561, also posthum. Im Gedächtnis geblieben sind Scaligers Auseinandersetzungen mit Erasmus von Rotterdam. Der italienische Humanist, der von sich behauptete, auch Albrecht Dürer habe zu seinen Lehrern gehört, war 1526, also mit 42 Jahren, nach Frankreich übersiedelt, wo er sich in der Kleinstadt Agen an der Garonne niederließ und unter anderem Leibarzt des Bischofs wurde, im übrigen aber seinen vielfältigen Studien (Botanik, Mathematik, Philosophie, Literatur- und Sprachtheorie) nachging.

Als er Nostradamus anschrieb und bald auch nach Agen auf sein Gut de l'Escale einlud, hatte der inzwischen Fünfzigjährige gerade die sechzehnjährige Andiette de Roques-Lobéjac geheiratet. Aus der Ehe sollten 15 Kinder hervorgehen. Einer der Söhne, Joseph-Justus Scaliger (1540–1609), trat als Textkritiker und Sprachforscher übrigens in die Fußstapfen des Vaters und wurde für seine Forschungen zur antiken Chronologie bekannt.

Wenn Scaliger den damals dreißigjährigen Nostradamus an seine Seite zog, so geschah dies wohl, um einen Adlatus im besten Sinne zu gewinnen. Agen war ein Städtchen, das nicht eben ein besonders anregendes intellektuelles Klima bot, und der junge Pestarzt war für seine medizinischen Leistungen und wahrscheinlich auch für seine Gelehrsamkeit bekannt genug, um Scaliger als Gesprächspartner und Beistand zu interessieren. Nostradamus seinerseits empfand es als große Ehre, mit dem berühmten Humanisten, der zu jener Zeit im gesamten gebildeten Europa bekannt war, zusammenarbeiten zu dürfen.

Über die Art der etwa vierjährigen Zusammenarbeit und Partnerschaft wissen wir freilich wenig, wie überhaupt Nostradami Jahre in Agen weithin im dunkeln liegen.

27   Julius Caesar Scaliger (1484–1558), einer der streitsüchtigsten unter den europäischen Humanisten, gab u. a. Werke des Theophrast und des Aristoteles heraus. Der Dichtkunst wies er drei große Aufgaben zu: Sie soll Wahrheit verbreiten, von Nutzen sein und Frohsinn schenken.

Dabei fällt ein für Nostradamus bedeutsames Ereignis in diese Zeit: seine erste Heirat. Aber nicht einmal der Name der Auserwählten ist bekannt. Chavigny spricht lediglich von einer Dame »von hohem Stand, sehr schön und sehr liebenswürdig«. Ein Sohn und eine Tochter wurden geboren. Dann aber flammte die Pest, die man in Südfrankreich auch als *le charbon* kannte, erneut auf, und nacheinander wurden seine Kinder und seine offenbar noch ganz junge Frau von der Seuche hinweggerafft.

Mit diesem Schicksalsschlag war zugleich Nostradami Renommee als erfolgreicher Pestarzt gebrochen. Er galt nun als ein gescheiterter Medicus, der seine eigene Familie nicht hatte kurieren können, und die bislang so lukrative Praxis verfiel. Es entspricht diesem Vertrauensverlust, daß die Familie seiner verstorbenen Frau die Rückgabe der Mitgift einzuklagen suchte.

Zugleich zerstritt Nostradamus sich mit seinem Mentor Scaliger. Die Gründe sind zwar unbekannt, lassen sich vielleicht aber erschließen, wenn man eine spätere Schmähschrift Scaligers gegen Nostradamus in Betracht zieht. Scaliger war Rationalist und ein erbitterter Feind astrologischer Prophetie. Das hatte schon Hieronymus Cardanus (Gerolamo Cardano, 1501–1576), Mathematiker, Theoretiker der Medizin und Naturforscher – übrigens auch Erfinder des nach ihm benannten Kardangelenks – zu spüren bekommen, denn jener Cardanus hatte sich nebenher törichterweise als Prophet und Wahrsager versucht und mußte den beißenden Spott Scaligers ertragen. Scaliger selbst rühmte sich mit der ihm eigenen Eitelkeit, den akademischen Ruf des Cardanus vernichtet zu haben.

Wenn das Zerwürfnis zwischen Scaliger und Nostradamus, wie wir vermuten, dieselben Ursachen hatte, dürfte sich letzterer spätestens während seiner Zeit in Agen, einem alten Zentrum der Katharer, astrologischen und okkulten Studien zugewandt haben, vielleicht im Zusammenhang mit dem Tod seiner Familie.

Scaliger contra Nostradamus
Nach dem Erscheinen der ersten ›Zenturien‹ warnte Scaliger das »glaubensselige Frankreich« in scharfen Worten vor seinem ehemaligen Gefährten Nostradamus: »Begreifst Du nicht, daß dieser schmutzige Halunke nur Narrenspiel mit Dir treibt?« Dagegen hat Nostradamus auch nach dem Zwist kein schlechtes Wort über Scaliger geschrieben, vielmehr bezeichnet er ihn 1552 als einen Mann, der Ciceros Beredsamkeit, Vergils dichterische Fähigkeiten und Galens medizinisches Können besitze: »Ihm verdanke ich mehr als irgendeinem anderen Menschen in dieser Welt.«

Bedroht von der Inquisition

Den Ausschlag dafür, Agen zu verlassen und ein weiteres Mal auf Wanderschaft zu gehen, gab letztlich eine Bedrohung von ganz anderer Seite: Irgendwann vor 1538 wurde Nostradamus offiziell von der Inquisition nach Toulouse einbestellt. Anlaß war allerdings nicht, wie man vermuten könnte, irgendeine alchemistisch-magische Verirrung, sondern ein schon länger zurückliegender Vorfall völlig anderer Art. Zu einem Kunsthandwerker, der gerade eine Madonnenstatue in Zinn oder Bronze goß, hatte Nostradamus damals sinngemäß gesagt, er gebe sich mit Teufelswerk ab. Von dem empörten Mann war er daraufhin sogleich angezeigt worden, doch hielten sich die Autoritäten zunächst zurück. Nun aber, da das Renommee des Nostradamus gebrochen war und kein Julius-Caesar Scaliger mehr seine schützende Hand über sein Haupt hielt, rührte sich die Inquisition. Diese katholische Instanz, die Anfang des 14. Jh. ein blutiges Instrument Philipps des Schönen in seinem Vernichtungskampf gegen die Templer gewesen war, hatte im Frankreich des späteren 14. Jh. zwar an Bedeutung verloren, erhielt aber in dem Maße neuen Auftrieb, wie die Reformation an Zulauf gewann. 1517 hatte Luther seine Thesen in Wittenberg bekannt gemacht, Zwingli trat seit 1522 öffentlich mit reformatorischen Ideen auf, und der aus der Picardie stammende Franzose Calvin hatte 1536 – gerade ein oder zwei Jahre waren seither vergangen – in Basel sein einflußreiches Hauptwerk, die ›Christianae religionis institutio‹, erscheinen lassen. Die Zeit drängte zur Reformation, die Reformation zu den Menschen, und die neuen religiösen Ideen verbreiteten sich auch in Frankreich mit großer Schnelligkeit. Schon im Oktober 1534 waren lutheranische Plakate an den Toren des königlichen Schlosses in Amboise angeschlagen worden (»Plakataffäre«),

28 Johannes Calvin (1509–1564) vertrat seit 1535 die Ideen der Reformation. Seine immer wieder überarbeitete »Institutio« (1536), die wohl einflußreichste Dogmatik des Protestantismus, war samt seiner Kirchenordnung (1541) die Grundlage, auf der er in Genf die reformatorische Umwandlung der Stadt anstrebte.

29 Die Inquisition verteidigt die Kirche gegen Ketzer und Todsünden. Tafelbild eines anonymen französischen Künstlers aus dem 15. Jh., das den »wahren« christlichen Glauben als eine belagerte Burg darstellt

und es sollte nur noch bis zum Jahre 1550 dauern, daß sich in Paris die ersten 50 protestantischen (hugenottischen) Gemeinden zu einer reformierten Synode zusammenfanden und es in Frankreich keine Stadt mehr ohne Hugenotten gab.

Bekanntlich brach die Reformation mit der bisherigen christlichen Bilderverehrung. Januar 1522 hatte es in Wittenberg einen ersten Bildersturm gegeben, in Zwinglis Zürich waren die religiösen Bildwerke 1522 aus den Kirchen entfernt worden, und auch im Bereich der calvinistischen Reformation galten sie als verpönt. Mit seiner beiläufigen Bemerkung zur Madonnenstatue hatte sich Nostradamus also höchst verdächtig gemacht, ein heimlicher Parteigänger der Reformation zu sein – und dies wäre im Frankreich jener Tage eine riskante Sympathie gewesen. Bereits am 24. Juni 1539 wurden die »teuflischen Irrlehren« Luthers und seiner Helfer in einem ersten Ketzeredikt verur-

Die Inquisition
Bereits die justinianische Gesetzgebung des 6. Jh. ermöglichte die Verfolgung aller, welche die Kirche mit Häresie und Spaltung bedrohten. Das bekamen die Paulikianer im 9. Jh. ebenso zu spüren wie später die Bogomilen, Albigenser und Katharer. Im Hochmittelalter bildete sich die

Inquisition im eigentlichen Sinne heraus, zunächst als bischöfliche Einrichtung, dann als päpstliche Behörde, die vornehmlich von Dominikanern verwaltet wurde. »Reformation und Gegenreformation belebten ungewollt und gewollt das Institut der päpstlichen Inquisition, das jetzt vornehmlich gegen die Protestanten einge-

teilt, und seit den vierziger Jahren waren »Verhaftungen, Folterungen, Prozesse, Exekutionen, auch Massenverbrennungen an der Tagesordnung« (Ilja Mieck).

Der astrologisch gestimmte Nostradamus als Anhänger reformatorischer Bestrebungen? Eine seltsame Vorstellung! Tatsächlich haben die Nostradamiker die gefährliche Äußerung stets als Mißverständnis interpretiert: Nostradamus, »seinem Geschmack nach Renaissancemensch« (Karl Drude), habe sich lediglich gegen die krude, kunstarme, gotische Form der Madonnenplastik gewandt. An einer solchen Erklärung sind inzwischen Zweifel angebracht. 1983 veröffentlichte der schweizerische Historiker Jean Dupèbe ein Konvolut von Briefen, die Nostradamus zwischen 1556 und 1565, also in seinen letzten Lebensjahren, in lateinischer Sprache schrieb und die bis dahin in den Tiefen der Pariser Bibliothèque Nationale schlummerten, darunter mehrere Schreiben an den deutschen Lutheraner Lorenz Tubbe. Aus ihnen geht hervor, daß Nostradamus den Gedanken der Reformation sehr viel weniger distanziert gegenüberstand, als seine öffentlichen Stellungnahmen gegen das »Heidentum der neuen Ungläubigen« und seine Treuebekenntnisse, etwa zu Papst Pius IV., es vermuten ließen.

Und wenn man es genauer betrachtet, erscheinen die Korrespondenzen von calvinistischer Prädestinationslehre und astrologischer Zukunftsgewißheit ja durchaus nicht so abwegig. »Calvin unterstreicht die Allmacht Gottes und die Ohnmacht der Menschen, die nicht an Gottes Gnade teilhätten. Das Schicksal der einzelnen Menschen sei, so seine Prädestinationslehre, von Gott vorherbestimmt« (Jürgen Voss). Wiewohl schon die Calvinisten der ersten Stunde, so etwa Théodore de Bèze, Stellvertreter Calvins, gegen Nostradamus polemisierten, gewinnt man den Eindruck, daß es hier unausgesprochene ideologische Gemeinsamkeiten gibt.

---

setzt wurde, soweit dies überhaupt noch möglich war« (Carl Andresen/ Georg Denzler). In Frankreich wurde die Inquisition verstärkt seit 1534 tätig. Die gegen die Hugenotten – das Wort bedeutet soviel wie »Eidgenossen« – ausgesprochenen Strafen fielen immer härter aus, und bald loderten die Scheiterhaufen. Obwohl in Frankreich seit 1535 durch Rädern hingerichtet wurde, schickte man von der Inquisition Verurteilte weiter in den Feuertod, der das sündige Fleisch verzehren sollte, auf daß die Seele »am Tag des Herrn« (1. Korintherbrief 5,5) gerettet werde. Und so umstanden oft katholische Geistliche den Richtplatz und murmelten ihre Fürbitten.

Neue Wanderjahre

Die Zeit in Agen, ein Lebenskapitel, das so verheißungsvoll begonnen hatte, endete also um das Jahr 1538 mit einem schmählichen Auszug, fast schon einer Flucht aus dem Städtchen. Es gibt Hinweise, daß Nostradamus sich danach kurz in Carcassonne, Bordeaux (1539) und Argenton aufhielt; trotz der archivalischen Bemühungen Edgar Leroys ließen sie sich aber nicht endgültig bestätigen. Der Seher selbst hat sich über die Odyssee der auf Agen folgenden Jahre nie ausführlicher geäußert, und auch Bruder Jehan wie Sohn César schweigen sich aus. Einige Anspielungen in Nostradami späterer Publizistik legen jedoch nahe, daß der Prophet sich als reisender Arzt unter anderem in Lothringen und Norditalien aufhielt.

Der Phantasie der Nostradamiker hat diese Lücke in der Biographie des Meisters Flügel verliehen. Auf solch unerforschtem Boden ließen sich vorzüglich Legenden ansiedeln. Etwa die, Nostradamus sei mit dem Arzt und Naturphilosophen Paracelsus oder auch mit dem berüchtigten württembergischen ›Schwarz-

künstler‹ Johannes Faust zusammengetroffen. Faust allerdings war um die Zeit, als Nostradamus Agen verließ, womöglich gar nicht mehr am Leben (das genaue Todesjahr ist unbekannt, es liegt zwischen 1536 und 1539), und der 1541 verstorbene Paracelsus hielt sich um diese Zeit fernab im österreichischen Raum auf. Das wichtigste Argument gegen die behaupteten Begegnungen ergibt sich *ex silentio*: Nostrada-

30   Der **Alchemist Paracelsus** (eigentlich: Theophrastus Bombastus von Hohenheim; 1493/1494–1541) in der Darstellung des Jean van Scorel. Paracelsus, der schwäbischer Herkunft war, führte ab etwa 1528 ein unruhiges Leben als reisender Arzt im süddeutschen und österreichischem Raum. Neben medizinischen und alchemistisch-philosophischen Schriften verfaßte er auch astrologische Jahresvorhersagen (s. S. 58f).

mus, stets bemüht um sein Renommee, hätte ein Treffen z. B. mit dem berühmten Paracelsus niemals unerwähnt gelassen.

Es gehört zu der mit Chavigny einsetzenden Legendenbildung, in die sechs dunklen Jahre des Provenzalen das Erwachen seines prophetischen Talents hineinzugeheimnissen. Zwei Proben dieser Wunderberichte seien gegeben: Einmal soll Nostradamus, unterwegs in Italien, auf der Straße einer Gruppe von Franziskanern begegnet sein und plötzlich vor einem von ihnen, einem noch ganz jungen Mann, das Knie gebeugt haben. Allgemeines Erstaunen, doch Nostradamus erwiderte nur, er tue nichts anderes als seiner Heiligkeit die gebotene Reverenz zu erweisen. Der junge Mann, ein gewisser Felice Peretti, bestieg – man ahnt es schon – knapp 19 Jahre nach Nostradami Tod als Papst Sixtus VI. den Apostolischen Stuhl.

Eifrig tradiert wird auch die Legende vom schwarzen und vom weißen Ferkel, die Mitte des 17. Jh. vom Nostradamiker Etienne Jaubert aufgebracht wurde, dem zweiten Biographen des Meisters nach Chavigny. Einer der Gastgeber des Nostradamus, ein lothringischer Adliger namens de Florinville, wollte angeblich die prophetische Gabe des Provenzalen prüfen und fragte ihn bei einem Gang über den Hof seines Schlosses bei Bar-le-Duc, was wohl mit den beiden Ferkeln, die sich dort tummelten, geschehen werde. Nostradami Antwort: »Das schwarze werden wir verzehren, das weiße wird ein Wolf reißen.« Um seinen Gast zu necken und die Weissagung Lügen zu strafen, gab Florinville daraufhin heimlich seinem Koch Anweisung, das weiße Ferkel zu schlachten und am Abend auf den Tisch zu bringen. Aber siehe da, am Nachmittag erbeutete ein Wolf das weiße Tier, und der Koch in seiner Not bereitete nunmehr das schwarze Spanferkel zu. Florin-

31 Faust im magischen Kreis beschwört den Teufel. Illustration zu Christopher Marlowes ›Dr. Faustus‹, reproduziert nach der Ausgabe London, 1631

ville, der von dem Zwischenfall nichts wußte, wollte nach dem Essen triumphieren, sah sich aber eines Besseren belehrt.

Nostradami »dunklen Jahren« entsprießen aber nicht nur solche banalen Anekdoten einer wundersamen Vorausschau, sondern auch gefälschte Prophezeiungen. Eine angeblich 1544 im Zisterzienserkloster von Orval (heute ein Trappistenkloster) in Belgisch Luxemburg gedruckte Weissagung, in der Napoleons Aufstieg und Fall prophezeit wird, geht in Wahrheit auf einen gewissen Henri Dujardin zurück, der sie 1839 in Paris veröffentlichte. Der von Dujardin erfundene Verfasser der prophetischen Zeilen war ein gewisser Olivarius. Die zeitgenössischen Nostradamiker zögerten jedoch nicht, die Vorhersage statt jenem Olivarius ihrem Meister zuzuschreiben. Die billige Fälschung, die von ihrer ganzen Machart her nicht dem typischen Nostradamus-Stil (s. S. 111f.) entspricht, stieß schon bei den Zeitgenossen auf Ablehnung, und Dujardin blieb auch in einer nachgeschobenen Rechtfertigungsschrift (Paris 1848) die Belege schuldig, nicht zuletzt die angebliche, nirgendwo nachgewiesene Druckschrift von 1544 mit jener Prophezeiung. Dennoch geistert die Weissagung »als Dokument« bis heute durch die einschlägige Literatur. »Die Prophezeiungen«, schreibt zum Beispiel Helmut Werner in seiner Kompilation von 1994, »schildern sehr genau die Geschicke Frankreichs vom Auftreten Napoleons I. an«. Kein Wunder, wurden sie doch von Monsieur Dujardin in voller Kenntnis der historischen Abläufe nachträglich verfaßt. Aber natürlich können und wollen wir Nostradamus nicht für seine Anhänger verantwortlich machen.

32 Das Kloster Orval in Belgisch Luxemburg

Zurück in der Provence

Marseille und Aix

Ab dem Jahre 1544 läßt sich die Lebenslinie des Nostrada-mus wieder deutlicher nachzeichnen. Er ist zurück in der Provence, genau gesagt in Marseille, wo um diese Zeit einmal mehr der Schwarze Tod wütet. Von der Inquisition oder einer neuen Ladung vor ihre Schranken hören wir nichts mehr. Mag sein, daß die alte Anklage mittlerweile fallengelassen wurde. Vor allem aber hatten sich die Zeiten gewandelt, die Gedanken der Reformation waren, wenn auch schichtenspezifisch (s. S. 54ff.), auf solchen Anklang gestoßen, daß der christlich Anders-denkende eher als früher gegen den katholischen Hauptstrom schwimmen konnte.

In jedem Fall aber hatte die Provence um diese Zeit einmal mehr andere Sorgen als die umstrittene christliche Glaubenscou-leur. Denn die Pest, die Nostradamus in Marseille wie zu seinen Jugendzeiten mutig bekämpfte, übrigens in Zusammenarbeit mit einem Arzt namens Louis Serres, forderte einen katastrophalen Blutzoll von der südfranzösischen Bevölkerung. Doch damit nicht genug. Im November 1544 wurde die Region zusätzlich von der schlimmsten Überschwemmung seit Menschengeden-ken heimgesucht. »Die Rhône war zur endlosen Flut geworden, halb Camargue stand unter Wasser, Tarascon war abgeschnitten und die Wälle Avignons brachen, St-Rémy und die umliegenden Ortschaften waren nur noch im Boot erreichbar« (Karl Drude).

Nostradamus hatte zunächst erwogen, sich in der Großstadt Marseille mit ihrem kosmopolitischen Flair anzusiedeln, doch wurde er Ende Mai 1546 nach Aix-en-Provence gerufen, ca. 30 km nördlich von Marseille gelegen. Aix war als Aquae Sextiae die

33 Die südfranzösische Hafenstadt Marseille in einem Stich vom Ende des 16. Jh.

34 Totentanz in Aix-en-Provence

erste römische Stadtgründung auf dem Boden Galliens gewesen und die Residenzstadt des letzten Grafen der Provence, René des Guten (s. S. 15). Nun hatte der Schwarze Tod seine Knochenhand auf die wohlhabende Stadt gelegt. Nostradamus berichtet im achten Kapitel seines Buches ›Opuscule‹ (Lyon 1555), daß die Seuche am 1. Mai ausbrach und daß die Stadtväter kurz darauf nach ihm schickten. Die Zustände waren grauenhaft – César Nostradamus hat sie später unter Berufung auf die Erzählungen seines Vaters in seiner ›Histoire de Provence‹ anschaulich geschildert (s. u.). Kein Wunder, daß man in Aix nach einem erfahrenen Pestarzt wie Nostradamus die Hände rang.

In Aix-en-Provence setzte Nostradamus nach eigenem Bekunden mit Hilfe des »tüchtigen und braven Apothekers Joseph Turel Mercurin« sein berühmtes Schutzmittel gegen die Pest ein: die sogenannten Rosenpastillen. Grundlage war ein Pulver, das unter anderem aus dem Sägemehl besonders frischer Zypressen, Gewürznelken, Kalmus und Schwertlilien gemischt wurde. 300 oder 400 rote Rosen, knospend und noch vor dem Aufblühen gepflückt, wurden jenem Pulver beigemischt, die geformten Pastillen oder Pillen ließ man im Schatten trocknen. Wer sie fortwährend lutschte, so Nostradami Theorie, in dessen Atem, in dessen Körper konnte die verpestete Luft, die er als Ursache des Krankheitsausbruchs vermutete – wörtlich: »auf nur fünf Schritt Entfernung steckte man sich an« –, nicht eindringen. Mit seiner Annahme steht Nostradamus noch ganz in der antiken Tradi-

Diejenigen, die vom Furor dieser Krankheit ergriffen werden, lassen alle Hoffnung auf Genesung fahren, wickeln sich in zwei weiße Bahrtücher und setzen noch während sie leben (hat man dergleichen je gehört?) mit ihrer traurigen und erbärmlichen Totenklage ein. Die Häuser sind aufgegeben und verlassen, die Männer schreckentstellt, die Frauen in Tränen, die Kinder verstört, die Alten entgeistert, die Mutigsten bezwungen, die Tiere verstreut. Der Palast ist verschlossen und verriegelt, die Justiz schweigsam und vereinsamt, Themis fern und stumm, und die Bahrträ-

tion der Pestverhinderung, von der an anderer Stelle schon die Rede war (s. S. 34), so wie er mit der Behauptung, auch nicht einer von denen, die seine – natürlich völlig wirkungslosen – Rosenpastillen regelmäßig zu sich nahmen, sei dem Schwarzen Tod anheimgefallen, in der ruhmsüchtigen Manier der französischen Renaissance steht. In der 1573 in Augsburg erschienenen Übersetzung Jeremias Mertz' (Heremias Martius), übrigens ein Nostradamus-Kommilitone aus Montpellier, liest sich der Anspruch so: »Da ward nun auf der ganzen welt kein bessere artzney (…) als eben dise Composition, dieweyl alle diejenigen, die sie bey sich trugen oder im mundt behielten, sicher geblieben sind …«

Interessant ist jedenfalls, daß Nostradamus wie in seinen Wanderjahren nach der ersten Studienzeit in Montpellier auch in Aix auf das zweifelhafte »Wundermittel« des Aderlasses verzichtete und somit mit einem der bedenklichsten Bakterienträger der Beulenpest, mit infiziertem Blut, nicht in Berührung kam. Das mag ihn vor der Ansteckung auch in Aix bewahrt haben, wo die Friedhöfe in solchem Maße mit frischen Leichengruben übersät waren, daß man zuletzt keine geweihte Erde für die Pesttoten mehr fand.

Salon und Lyon

Nächste Station war (1547) das provenzalische Städtchen Salon, sehr günstig, nämlich mittwegs zwischen Marseille und Avignon, zwischen Arles und Aix-en-Provence gelegen und von all diesen Zentren nur eine gute Tagesreise entfernt. Allgemein gerühmt wurde das trockene, heilsame Klima der Stadt. Hier in Salon war der zweite der Brüder, Bertrand Nostredame, zum Stadthauptmann avanciert und seit etwa 1540 mit einer gewissen Thomine Rousse verheiratet. Überhaupt näherte sich Nostradamus mit seinem Umzug wieder der Familienherkunft, die umliegende Landschaft war ihm seit den Jugendjahren vertraut, der Geburtsort Saint-Rémy lag nur 20 km entfernt. Wäh-

ger wie die Dienstleute auf der Straße arbeiten auf Kredit. Die Geschäfte sind geschlossen, die Künste hat man aufgegeben, die Kirchen sind leer, die Priester niedergeschlagen. Die kummervolle Abwesenheit von Mensch und Tier läßt alle Straßen mit Unkraut verwildern in den 270 Tagen, welche das Übel währt …

César Nostredame, 1614

rend sich aber Saint-Rémy aus der fruchtbaren Ebene der Kleinen Crau nährte, war Salon, südlich der Alpilles gelegen, von
der sehr viel unwirtlicheren, da wasserärmeren (s. S. 57) Großen
Crau umgeben. Das Städtchen, das um jene Zeit etwa 6000 oder
7000 Einwohner besaß, sollte Nostradamus zur neuen, freilich
nicht sonderlich geliebten Heimat werden.

Zunächst allerdings wurde er von Salon angeblich noch einmal als Pestarzt abberufen, diesmal in die Stadt Lyon. So jedenfalls berichtet es uns der Prophet selbst; ruhmredig wie immer,
vergißt er nicht zu erwähnen, durch Massenverschreibungen
seiner Rosenpastillen, bei denen ihm ein Apotheker namens
René Hepilierverd zur Hand ging, habe er sogar in der Großstadt die Pest unter Kontrolle gebracht.

Aber nicht nur dies, der ganze Lyon-Aufenthalt ist zweifelhaft.
Der amerikanische Forscher Eugene F. Parker, der 1919 in den Archiven von Lyon recherchierte, fand dort weder einen Hinweis
auf eine Pestepidemie in den Jahren 1546 oder 1547 noch einen Beleg für die Anwesenheit eines Medicus namens Nostradamus.
Nachgewiesen ist für 1547 lediglich eine Keuchhusten-Epidemie.
Nostradamiker wie Bareste lassen ihrer Phantasie freien Lauf,
wenn sie – einmal mehr – von den Triumphen des Wunderheilers
fabulieren und sich dabei ausdrücklich auf die zeitgenössischen
Lyoner Historiker Astruc und Bouche berufen. Doch weder Astruc
noch Bouche erwähnen Nostradamus mit einem Wort.

35 Französische Straßenszene des 16. Jh., links der Apothekerladen »Bon
Ipocras« (Guter Hippokrates)

Nostradami zweite Ehe

Im Jahre 1547 geht Nostradamus – er ist nun 43 Jahre alt – in Salon zum zweiten Mal den Bund der Ehe ein. Vor dem Notar Etienne Hozier schließt er am 11. November einen Heiratskontrakt mit der etwa dreißigjährigen, reichen – 400 Florin Vermögen – und kinderlosen Kaufmannswitwe Anne Ponsarde, geborene Arnaud, verwitwete Beaulme. Am 26. November wird die kirchliche Hochzeit gefeiert. Das Ehepaar bezieht ein mehrstöckiges Steinhaus in einer Sackgasse, die im Stadtteil Farreiroux von der Place de la Poissonnerie abzweigt. Das Wohnhaus liegt in der Altstadt, nur 100 m Luftlinie entfernt von der Michaelskirche und ebenfalls nur 100 m vom Fuß der Felsen, auf denen sich die Burg von Salon erhebt. 16 Jahre lang, bis zu seinem Tod, wird Nostradamus hier mit Frau und Kindern leben.

Der Ehekontrakt hat sich im Archiv von Salon erhalten, die Gasse trägt heute den Namen des Propheten, und das Wohnhaus (11, Rue de Nostradamus) steht noch – freilich stark renoviert – und beherbergt ein kleines Nostradamus-Museum mit dem rekonstruierten Arbeitskabinett des Meisters, vielen kitschigen Wachsfiguren (s. Abb. S. 17) und einigen älteren Werkausgaben. Ursprünglich befand sich dieses Studierzimmer, in dem Nostradamus ab 1550 seine Weissagungen formulierte, allerdings im dritten Stock des Hauses. Darüber lag vielleicht, dem Baustil der Zeit entsprechend, ein Flachdach mit Balustrade, geeignet für astronomische Beobachtungen.

Ihre ersten vier Jahre blieb die Ehe kinderlos. Möglicher Grund: Nach der

36 Riesenportrait des greisen Nostradamus auf einer Hauswand in Salon, erstellt nach einem Gemälde des 19. Jh.

Vermutung des italienischen Nostradamus-Forschers Corrado Pagliani hat sich Nostradamus in den Jahren 1548/1549 nochmals in Oberitalien aufgehalten, und zwar in Venedig, Mailand, Verona und Savona. Es mutet indes unwahrscheinlich an, daß der Seher kurz nach seiner Eheschließung mehr als ein Jahr auf Reisen gegangen sein soll. Die italienischen Erfahrungen, die im ›Traicté des fardemens et confitures‹ deutlich werden, kann der Provenzale auch auf den Reisen ab 1537/1538 gesammelt haben.

Jedenfalls werden ab 1551 in schneller Folge drei Töchter und drei Söhne geboren: 1551 Madeleine, 1553 oder 1554 César, 1556 Charles, 1557 André, 1558 Anne und 1561 – Nostradamus ist nun bereits 57 Jahre alt – Diane. Mit der Ausnahme von César haben sie alle biographisch nur schwache Spuren hinterlassen. Die drei Töchter konnten offenbar mit einer guten Mitgift ausgestattet werden – das Testament nennt die Summen (s. S. 138ff.). Der Letztgeborenen, Diane († 1630), verhalf jedoch auch dieses Legat nicht zum Eheglück. Ihre älteren Schwestern heirateten früh: Madeleine († 1623) einen gewissen Claude de Pérussis, Anne († vor 1597) einen gewissen Pierre de Seva aus Toulon. Sohn Charles († 1629) soll sich in der Dichtkunst versucht haben, und André († 1601) tauchte im Dezember 1587, nachdem er in Paris bei einem Duell seinen Gegner getötet hatte, in einem Kapuzinerkloster unter, um der Inhaftierung zu entgehen. Da auch César († um 1630) und Charles († 1629) ohne Nachkommen blieben, mag der Name Nostredame bzw. Nostradamus im 17. Jh. erloschen sein.

Leben in Salon

»Hier wo ich lebe, setze ich mein Werk unter stumpfsinnigen Tieren, rohen Menschen, Todfeinden der Gelehrsamkeit und des

Salon

Im Zentrum der Altstadt erhebt sich der Hügel, der das Château de l'Emperi trägt, dessen Name an die lange, enge Bindung Salons an die deutsche Krone erinnert. Die mächtige Festung wurde im 12. Jh. auf Betreiben der Bischöfe von Arles errichtet und im 13. Jh. erweitert. Selbst ein Erdbeben, das 1909 zahlreiche Dörfer rund um Salon vernichtete, hat die solide Architektur nur geringfügig beschädigt. (…)

Unterhalb der Burg begegnet uns in der schlichten Kirche Saint-Michel des ausgehenden 12. Jh. die provençalische Romanik wieder. Das kleine Tympanon des Portals besteht aus einzelnen Reliefplatten. Im Zentrum thront der Kirchenpatron Michael mit zwei Schlangen zu Füßen; darunter erscheint ein Agnus Dei. Alles übrige ist in ornamentalen Formen gehalten. (…)

Schrifttums fort.« Mit diesen
bitteren Worten urteilte Nostradamus in seinem ›Traicté
des fardemens et confitures‹
über die Einwohner Salons.

Diese Aussage beleuchtet
indirekt die gesellschaftliche
Situation der Zeit. Natürlich
war auch das Frankreich des
16. Jh. eine Klassengesellschaft,
gegliedert in Adlige, Stadtbür-
ger und Bauern. Die Ideen der
Reformation, insonderheit die
Lehren Calvins, ermöglichten
es dem Landadel, im Deck-
mantel der Religion seine politische Selbständigkeit – oder
doch das Streben danach – gegenüber dem Katholizismus
der französischen Krone zu be-
tonen. Wir dürfen nicht ver-

37 Der Papst als Antichrist. Holzschnitt der Reformationszeit

gessen, daß wir uns noch im Herausbildungsprozeß des Absolutismus befinden, nicht in einer gefestigten absolutistischen
Welt. Die plebejischen Massen hielten gegenüber dem vielerorts
hugenottisch gewordenen Landadel an der päpstlich-katholi-
schen Linie fest, und das Bürgertum schwankte in seiner religiösen Entscheidung.

Daraus ergeben sich die weltanschaulichen Fronten der Zeit.
Nostradamus galt dem Volk von Salon als heimlicher Hugenotte
und als gottverlassener Schwarzmagier, und natürlich versäumte
man nicht, seine jüdische Herkunft anzuprangern. Dabei hatte er
noch Glück, daß es ihm nicht erging wie so manchem provenzali-

Mit der ehemaligen Dominikanerkirche Saint-Laurent besitzt Salon ein
weiteres wichtiges Sakralbauwerk des Mittelalters. Der gemessen an der
bescheidenen Größe der Stadt auffallend weiträumige Saal des 14. Jh. wirft
ein bezeichnendes Schlaglicht auf die Bestimmung der Dominikaner als
Predigerorden, der nach der Niederringung des Katharertums in Südfrankreich eine beherrschende Stellung innehatte. In der dritten Kapelle
der linken Seite befindet sich das Grab des Astrologen Nostradamus.
Thorsten Droste, 1986

38 Ein Bader schneidet einen Fu-
runkel hinter dem Ohr seines bäuer-
lichen Patienten an. Stich von Lucas
von Leyden, 1524

schen Adligen, dessen Guts-
haus von den *cabans* – dies der
Name für die aufrührerischen
Bauern – überfallen und ausge-
raubt wurde, vorgeblich huge-
nottischer »Ketzerei« wegen,
gelegentlich jedoch bloß aus
Habgier oder auch aus politischen Motiven. Immerhin wurde Nostradamus symbolisch
dem Scheiterhaufen überant-
wortet: Unmittelbar vor seinem Haus verbrannte die Men-
ge eines Nachts eine Puppe,
die ihn darstellte (s. dazu auch
S. 128).

In der ärztlichen Versorgung
waren Landvolk und herr-
schende Schichten ohnehin ge-
schieden: Die breite Masse der
Bevölkerung suchte bei Badern,
Wundärzten und Hebammen
medizinische Hilfe, die bürgerliche Elite und der Adel bei den
akademisch ausgebildeten Doktoren, die ihre Hausbesuche in einer Mischung von reputierlicher Aufwartung und ärztlicher Obsorge absolvierten. Auch dort, wo wir für die Pestjahre von den
Rettungstaten des Dr. Nostradamus in Marseille oder Aix hören,
dürfen wir nicht an einen breit angelegten Sozialdienst denken.

So war die ärztliche Praxis, die Nostradamus in Salon unter-
hielt, von seiner Seite her wie auch vom Zuspruch der breiten
Bevölkerung eine sehr selektive. »Wie es scheint, bestand seine

Der Aberglaube hatte durch die Reformation eher zugenommen. Früher
galten nur Juden, Türken und Zauberer als Teufelsjünger, jetzt wurde die
ganze Welt diabolisiert: der Papst war der Antichrist, jeder Papist des Sa-
tans, und die Katholiken wiederum sahen dann in Luther und allen seinen Anhängern Diener der Hölle. Zudem hatte der Protestantismus das
Gefühl der Sündhaftigkeit gesteigert. Keiner konnte bestimmt wissen, ob
er gerechtfertigt sei. (...) In der Tat stieg gerade damals, als der Glaube
an die christliche Lehre gespalten war und zu wanken begann, aus der
Tiefe der Seele ein schaudererregender, geheimnisvoller Bodensatz der
Barbarei herauf.   *Egon Friedell, 1927–1931*

Tätigkeit hauptsächlich darin, spezielle kosmetische Präparate für den reichen Landadel zuzubereiten, von dem er schon bald akzeptiert worden war« (Edgar Leoni). Fast mittellos war Nostradamus in seine zweite Heirat gegangen, nun erlaubte ihm die reiche Mitgift seiner Frau ein Leben als Privatier, der nur noch da und dort medizinisch tätig wurde.

Es fehlte Nostradamus auch nicht an den Mitteln, sich an einem technischen Großprojekt zu beteiligen, der Erschließung der Großen Crau durch Kanalbau. Die öde Ebene war der Sage nach jener Boden, in dem die Gebeine der von Herakles getöteten Giganten ruhten. Nun unternahm es ein junger Mann namens Adam de Craponne, einen Kanal durch die aride Landschaft zu ziehen, der die Flüsse Rhône und Durance miteinander verband. Einer der Finanziers im Hintergrund war Nostradamus, der mehrfach bedeutende Summen investierte und Craponne mit Rat und Ermutigung zur Seite stand. Für die damaligen Verhältnisse ein technisches Großprojekt, wurde der Kanalbau nach mehrjähriger Vorbereitung im August 1554 in Angriff genommen und im April 1559 vollendet. Der Kanal ist bis heute in Benutzung.

Vor allem aber fand Nostradamus nun Zeit zu magischen Studien, zu Übersetzungen und zu jener eigenen Publizistik, die irgendwann nach 1550 mit einem ersten Almanach einsetzte und seinen Ruf begründen sollte.

39 Der Kanal Craponne in der Großen Crau

Der Prophet beginnt zu raunen

Die Almanache

In der zweiten Hälfte des 15. Jh. etablierte sich mit der Erfindung des Buchdrucks ein neuer Publikationstypus: der Almanach, bekannt auch als Prognostikation, *Iudicium Anni* oder *Practica*. Johannes Gutenberg selbst soll bereits 1458 einen ersten solchen astronomisch-astrologischen Kalender veröffentlicht haben. Im 16. Jh. erschienen jedes Jahr unzählige Jahresprognosen, so zum Beispiel von Paracelsus für die Jahre 1535, 1536, 1537, 1538 und 1539. Allein für England sind mehr als 600 derartige Schriften – in der Regel Mehrblattdrucke – aus der Zeit vor 1600 bekannt. Es handelte sich also um eine besonders populäre Literaturgattung, die sich entsprechend bald des Lateinischen, das heißt der Fixierung auf die Gebildeten, entledigte und sich der jeweiligen Landessprache bediente. Paracelsus kündigte seine Prognostikationen bereits auf dem Titel als ›Practica teütsch‹ an. Besonders erfolgreiche Kalender oder Almanache, zumeist aus Frankreich oder Italien stammend, wurden sogar in andere Sprachen übersetzt.

Die meisten Almanache bestanden aus drei Teilen: In der Vorrede verteidigte der Autor sich gegen mögliche kritische

Angriffe und polemisierte gegen Konkurrenten. »Fast alle Autoren betonten hierbei, daß der Wille Gottes der Gestirnwirkung übergeordnet sei, daß man durch die Kenntnis der Gestirnkonstellation aber Gefahren vorbeugen könne«

40 Die ›Practica teütsch‹ auf das Jahr 1535, eine der Prognostikationen des Paracelsus. Der Titelholzschnitt zeigt den Kriegsgott Mars und die Liebesgöttin Venus.

(Udo Benzenhöfer). Dies war schon deshalb notwendig, um nicht mit der Kirche in Konflikt zu geraten, sicherte den Verfasser aber auch gegen fehlgehende Vorhersagen ab. Es folgte der eigentliche Almanach, der astronomische Ereignisse des kommenden Jahres anführte, etwa Planetenkonjunktionen, Sonnen- und Mondfinsternisse, und dazu die beweglichen kirchlichen Feiertage auflistete. Zuweilen waren diesem astronomischen Kalenderteil Ephemeridentafeln beigefügt, welche die Positionen der Himmelskörper an jedem Tag des Jahres bezeichneten und es so ermöglichten, den Planetenstand und die Sternbilder des Tierkreises astrologisch zu korrelieren. Der eigentliche astrologische Teil des Almanachs wartete mit verschiedenen Vorhersagen auf, vor allem über das Wetter des nächsten Jahres, die zu erwartende Ernte, im Lande grassierende Krankheiten und Kriegsereignisse, aber auch über das Geschick einzelner politischer Persönlichkeiten, die man als »Planetenkinder« interpretierte. »Astronomische Ereignisse wie das Auftauchen eines neuen Sterns im Sternbild Kassiopeia (1572) oder das Erscheinen eines Kometen im Jahre 1577 wurden quer durch alle Gesellschaftsschichten als bedeutende Warnzeichen angesehen« (Michael Jordan).

Aber es gab auch irdische Ereignisse, die von den Sterndeutern als Omina gewertet wurden. César Nostredame berichtet, der Vater sei aufgrund von vielerlei Anzeichen im Lebensalltag der Provence davon überzeugt gewesen, daß schlimme Zeiten bevorstünden. Die Geburt eines »monströsen Kindes« mit zwei Köpfen Anfang Februar 1554 und die Geburt eines zweiköpfigen Fohlens in Salon sah er als Hinweise auf eine bevorstehende tiefe Spaltung der französischen Nation an. Der Geist der Astrologie und Prophetie, den Nostradamus verbreitete, seit er eigene Almanache veröffentlichte (s. S. 63ff.), beherrschte ihn offenbar selbst.

41 Eine der Holzschnitt-Abbildungen aus der Prognostikation des Paracelsus von 1536. Offenbar sollen die Selbstherrlichkeit der Kirche und ihr Niedergang dargestellt werden.

Astrologie und Gottes Wille

Wir haben schon im Zusammenhang mit Nostradami Medizin-studium in Montpellier von der Bedeutung der Astrologie für die Renaissance-Gesellschaften Europas gesprochen. Der Rückgriff auf antikes Kulturgut war zwar verbunden mit einer Abkehr von mittelalterlicher Religiosität, darf jedoch nicht als eine Wendung zum Rationalismus mißverstanden werden. Im Gegenteil: Die Renaissance war eine Blütezeit des Okkultismus. Magische und hermetische Lehren besetzten den Platz, den zuvor die christ-liche Mystik innehatte. Die neue, die okkulte Sicht der Natur und des Menschen verband sich zwanglos mit volksmagischen Vorstellungen, die in Gestalt einer starken Unterströmung stets die Lehren der kirchlichen Orthodoxie begleitet hatten. »Gerade das 16. und z. T. auch das 17. Jh. waren Zeiten einer höchst ma-gischen und abergläubischen Weltsicht« (Richard van Dülmen).

Diese Weltsicht erweist sich allerdings nicht als ein geschlos-senes, ausformuliertes Gedankensystem, sondern als ein Nähr-boden, in den der Aberglauben seine Pflanzen setzte. Kurz ge-sagt: Man betete in der Kirche, trug aber zugleich magische Amulette um den Hals, man glaubte an die steuernde Wirkung von Planeten- und Sternkonstellationen, bekannte sich in der Kir-che aber, lauthals singend, zur Allmacht Gottes. Stets ging es beim Einsatz magischer Praktiken darum, Unheil abzuwehren und Lebenssicherheit zu gewinnen. Die Bedeutung der Astrolo-gie in diesem magisch-abergläubischen Zusammenhang muß nicht weiter begründet werden.

Zugleich schieden sich jedoch an der Astrologie die Geister. Während die religiöse Orthodoxie über irgendwelche Zauber-formeln, die gesprochen wurden, wenn ein Knochen gebrochen oder ein Gelenk verrenkt war, achselzuckend hinwegging, so wie sie es auch hinnahm, daß die einfachen Gläubigen Salz und Pfeffer bei sich trugen, um sich auf diese Weise gegen Verzau-

Die Abkehr von der Vernunft ermöglichte es der Renaissance-Magie, zur Entwicklung der modernen Wissenschaft und Technologie im 16. und 17. Jh. beizutragen. Die Beziehung zwischen der wiedererwachenden Magie und der entstehenden Wissenschaft war eine zwiefältige. Auf der einen Seite nötigte ihr Menschenbild die Magier zu einer Sicht des Uni-versums, von dem sich die Wissenschaft zunehmend abkehrte. Auf der anderen Seite aber befruchtete ihr Mißtrauen gegenüber mittelalterlichen Einstellungen, ihr Interesse an ›Naturmagie‹, verstanden als Nutzung der

42 Die Hölle der Weissager. Illustration des 15. Jh. zu Dantes ›Göttlicher Komödie‹

berung zu schützen, und auch sonst allerlei magische Vorkehrungen trafen, war es doch eine andere Sache mit der Weissagung. Dante etwa beschreibt in seiner ›Göttlichen Komödie‹ eine Höllensphäre, wo denjenigen, welche die Zukunft vorausgesagt haben, das Gesicht auf den Rücken gedreht ist zur Strafe dafür, daß sie sich ein göttliches Privileg anmaßten.

Aber gab es da nicht das berühmte Bibelwort: »Die Himmel rühmen die Herrlichkeit Gottes, und das Firmament zeigt seine Handschrift«? Und hatten sich nicht schon einige der Kirchenväter zum Wert der Astrologie bekannt, namentlich Origenes (ca. 185–ca. 253) mit dem Satz: »Der Himmel ist wie ein offenes Buch, in das die Zeichen der Vergangenheit, Gegenwart und Zukunft eingeschrieben sind …«?

Tatsächlich war die Einstellung der Kirche zur Astrologie stets ambivalent. Für die Zeit der italienischen Renaissance stehen exemplarisch Marsilio Ficino (s. Abb. S. 37), ein glühender Befürworter der Astrologie, der Horoskope für die mächtige Medici-Familie erstellte, und Pico della Mirandola (1463–1494), der zwar wie Ficino Neuplatoniker war, dazu praktizierender Kabbalist, jedoch

geheimnisvollen Eigenschaften von Naturkräften, und ihr drängender Glaube an den Menschen als Maß aller von ihm untersuchter Dinge den wissenschaftlich-technologischen Fortschritt. Ironie der Weltgeschichte: Es waren die Renaissance-Magier, welche das neue mechanistische Weltkonzept herausbilden halfen, das im 17. Jh. dann offenbar die Magie in Vergessenheit geraten ließ.

Richard Cavendish, 1977

die Astrologie verwarf. Unter den Päpsten der Zeit lehnten Paul II. (1418–1471), Sixtus V. (1521–1590) und Urban VIII. (1568–1644) die Astrologie entschieden ab, während der berüchtigte Sixtus IV. (1414–1484), der noch berüchtigtere Borgia-Papst Alexander VI. (1430–1503) und Clemens VII. (1478–1534) astrologische Vorhersagen vorbehaltlos anerkannten. »Julius II. (1443–1513) soll angeblich den Tag seiner Krönung nach der Stellung der Sterne ausgewählt haben, und Paul III. (1468–1549) wartete die astrologisch günstigste Zeit ab, bis er seine Konsistorien einberief – er verlieh seinem Astrologen sogar den Bischofshut« (Albert S. Lyons).

Auch die Führer der Reformation schwankten in ihrem Urteil, wenn es um die Astrologie ging. Martin Luther stand ihr zwar insgesamt ablehnend gegenüber, war zugleich jedoch der Auffassung, daß Stern- und Himmelszeichen »die gottlosen Länder und Nationen warnen und ermahnen« würden und überhaupt »bedeutsam« seien. Selbst der sonst so unerschütterliche Calvin räumte 1561, die medizinische Astrologie damit rehabilitierend, »eine gewisse Beziehung zwischen den Sternen oder Planeten und der Disposition des menschlichen Körpers« ein.

Die christlichen Befürworter der Astrologie sahen im Sternenhimmel eine Schöpfung Gottes, in der dieser seine Pläne für die Erdenwelt, ja für jeden einzelnen Sterblichen eingraviert habe. Daraus ergab sich jedoch ein Kernproblem. Wenn all und jedes prädestiniert und in den Sternstellungen nachzulesen war, wie stand es dann mit dem freien Willen des Menschen, nicht zuletzt mit seinem Entscheid, zu sündigen oder aber das Gute zu tun?

Schon Albertus Magnus (um 1200–1280) hatte eine Lösung des Dilemmas angeboten: »Seiner Meinung nach beeinflußten die Sterne tatsächlich den Körper und den Willen, doch war die Seele davon ausgenommen, denn sie bewahrte die Kraft, Entscheidungen zu treffen, und konnte somit den Zwängen, die von den Himmelskörpern ausgingen, entgegenwirken« (Albert S. Lyons). Ge-

43 Albertus Magnus, geboren in Lauingen an der Donau, gestorben in Köln, wurde von den Zeitgenossen angesichts der enzyklopädischen Weite seines Horizonts respektvoll *doctor universalis* genannt. In der katholischen Kirche gilt er als Patron der Naturwissenschaften.

nerell zog sich die Renaissance-Astrologie auf den durch Giam-
battista della Porta formulierten Grundsatz zurück:»*Astra inclinant,
non necessitant*« (etwa:»Die Sterne drängen, nötigen aber nicht«).
Sicherer war es freilich, auf Individualhoroskope zu verzichten
und sich auf Vorhersagen allgemeinerer Art zu beschränken, wie
das die Almanache bzw. Prognostikationen taten.

Nostradami Publizistik vor 1555

In der nostradamischen Literatur wird hartnäckig behauptet, der
provenzalische Prophet habe seine Zukunftseinsichten nicht frei
äußern können. Dies ist bestenfalls die halbe Wahrheit. Richtig
ist, daß unter König Franz I., der von 1515 bis 1547 regierte, ein
Verbot bestand, Zukunftsvorhersagen zu verbreiten. Der Grund
für das königliche Diktum: Nach der Erfindung des Buchdrucks
hatte eine Schwemme solcher Almanache unerwünschte Unruhe in den französischen Raum gebracht, denn fast ausschließlich boten sie dem Leser – so wie Boulevardzeitungen es bis
heute tun – Schreckensnachrichten und Kassandrarufe. Die Titelblätter erhaltener Almanache verkünden»Meinungsverschie-
denheiten, Zwietracht, Streit, Hader, Totschlag, Verschwörun-
gen, nächtliche Unternehmungen, Plünderungen, Diebstähle,
Räubereien, Lügen, Tumulte« und dergleichen mehr. Die ohnehin durch die Pestepidemien
und die politischen Auseinandersetzungen zerrütteten Verhältnisse wurden dadurch ten-
denziell weiter verunsichert,
zumal die Volksmasse, des
Lesens unkundig, nur aus
zweiter Hand und damit in
weiterer Vergröberung Unter-
richtung fand.

L E S
S I G N I F I C A T I O N S
de l'Eclipse, qui sera le 16. Septembre 1559. laquel-
le sera sa maligne extension inclusiuement, ius-
ques à l'an 1560. diligemmét obseruées par maistre Michel Nostradamus, docteur en medecine
de Salon de Craux en Prouence. Auec vne som-
maire responce à ses detracteurs.

M DE
NOSTRE
DAME.

A P A R I S,
Par Guillaume le Noir, Rue S. Iaques, à la
Rose Blanche Couronnée.

44 Titelblatt des Nostradamus-
Almanachs von 1559, erschienen bei
Guillaume Le Noir in Paris. Das
zentrale Bildmotiv zeigt den Propheten bei der astrologischen
Arbeit; im Bildrahmen die Tierkreiszeichen.

Als Nostradamus seinen ersten Almanach veröffentlichte, hatte jedoch bereits Heinrich II. (regierte 1547–1559) den Thronplatz eingenommen. Das Verbot seines Vorgängers – das ohnehin nie recht eingehalten worden war – galt nun nicht mehr. Nostradamus bewegte sich rechtlich also auf durchaus ebenem Boden. Jedenfalls, solange er zwei Fallgruben auswich, die einem Weissager zum Verhängnis werden konnten. Die erste Regel lautete: Keine astrologischen Deutungen der biblischen Geschichte! Der schon erwähnte Cardanus (s. S. 42) hatte den schweren Fehler begangen, in seinem ›De rerum varietate‹ Christi Wirken aus den Gestirnsstellungen des palästinischen Himmels vor eineinhalb Jahrtausenden zu erschließen und war daraufhin 1570 seiner Professur an der Universität Bologna entkleidet worden. »Ein verärgerter Vatikan stellte klar, daß Stern- und Planetenkonstellationen mitnichten über die Ereignisse im Leben des Gottessohns gebieten« (James Randi).

Die zweite Regel lautete: niemals eine Negativvoraussage über einen Zeitgenossen! Dies war schon dem Astrologen Pierre de Lorrain zum Verhängnis geworden, der den bevorstehenden Tod von Papst Paul II. († 1471) prophezeit hatte und daraufhin eingekerkert wurde. Denn hier war die Grenze zwischen Astrologie und Schwarzmagie überschritten, der Astrologe als ein Hexer verdächtig, der vielleicht seine üble Voraussage vermittels Teufelsbeschwörung oder Nekromantie wahrmachte.

Wer sich aber an diese beiden Regeln hielt, war im Frankreich des zweiten Heinrich als Astrologe durchaus sicher, wenn auch nicht immer beliebt. Der plebejische Widerstand gegen Nostradamus in seiner Wahlheimat Salon (s. S. 54ff.) erklärt sich eben daraus, daß das »gemeine Volk« stets unsicher darin blieb, ob der verpönte Medicus die vielen unheilschwangeren Prophetien seiner Almanache nicht durch schwarzmagische Praktiken zu verwirklichen trachtete.

Dicke Bohnen

Eine hübsche Nostradamus-Anekdote – sie findet sich erstmals bei Balthazar Guynaud (1693) – erklärt die Entstehung der Almanache folgendermaßen: Der Prophet habe eines Morgens am Fenster gestanden, den Himmel prüfend betrachtet und laut zu sich selbst gesagt:

»Das Wetter ist genau richtig, um dicke Bohnen zu pflanzen.« Ein gerade unter dem Fenster vorbeigehender Bauer habe den unfreiwilligen Rat nur zu gern befolgt und daraufhin eine besonders reiche Ernte eingebracht. Als Ausdruck seines Danks spendete er dem Propheten einen Scheffel dicke

Durch Chavigny, der allerdings erst 1553 oder 1554 an die Seite des Meisters eilte, erfahren wir, daß Nostradamus im Jahre 1550 einen ersten Almanach veröffentlichte. Erhalten hat sich kein Exemplar dieses Drucks, und Michel Chomarat, dem wir die maßgebliche Nostradamus-Bibliographie verdanken (Baden-Baden & Bouxwiller 1989), konnte ihn nicht nachweisen. Auch die Almanache der folgenden Jahre sind untergegangen oder haben nie existiert.

Die ersten Prognostikationen, die uns im Urdruck vorliegen und mit Sicherheit von Nostradamus stammen, sind die auf das Jahr 1553 und 1554, beide erschienen in Lyon bei dem Drucker Bertot. 1554 ist auch das Jahr einer ersten deutschen Nostradamus-Publikation. »Aus frantzösischer Sprach Tranßferirt« von einem gewissen M. Joachim Heller, bietet dieser Einblattdruck unter dem Titel ›Ein Erschrecklich und Wunderbarlich zeychen‹ einen eindrucksvollen Holzschnitt und den Bericht über ein himmlisches Feuer, das Nostradamus über Salon gesehen habe. 1557 veröffentlichte Jacques Kerver in Paris ›Le grand' pronostication nouuelle, auec portenteuse prediction pour l'an 1557, composee par maistre Michel Nostradamus, docteur en medecine, de

Bohnen. Der wiederum habe seinen Zukunftsvisionen und bauernkalendarischen Weisheiten fürderhin eine publizistische Form verliehen.

45 Holzschnitt eines Nürnberger Einblattdrucks von 1554. Offenbar ist ein feuriger Komet dargestellt, den Nostradamus angeblich am Himmel über Salon passieren sah.

Salon de Craux en Prouence, contre ceux qui tant de foys l'ont faict mort‹. Von den Almanachen der nächsten Jahre sind auch englische Übersetzungen bezeugt. Im British Museum liegt zum Beispiel die 1558 in Antwerpen gedruckte ›The Prognostication of maister Michael Nostredamus, Doctour in Phisick. In Province for the yeare of oure Lorde, 1559. With the predictions and presages of every moneth‹. Das Titelblatt gibt mit einem kryptischen Vierzeiler prophetische »Auskunft« über die wichtigsten Ereignisse des kommenden Jahres und erwähnt neben Pestilenz und Fieber die Errichtung einer Stadt Henripolis, versäumt es aber, das wichtigste politische Ereignis von 1559 zu erwähnen, den Tod Heinrichs II. Weitere englische Ausgaben der Prognostikationen sind ›An Almanacke for the years of oure Lorde God, 1559‹ und ›An Almanac made by the Noble and Worthy Clerke Michel Nostredamus‹ (1559). Von Nostradami letzten Almanachen haben sich außer den französischen Originalen auch Übersetzungen in deutscher (um 1560) und italienischer Sprache erhalten, gedruckt in Genua (1564) bzw. Bologna (1566). Insgesamt aber ist die Zahl der erhaltenen Almanache sehr gering. Daß so wenige Belege auf uns gekommen sind, hängt natürlich damit zusammen, daß man diese Art von prognostischer ›Gebrauchsliteratur‹ über das Jahr hinaus, für das sie galt, nicht aufbewahrte. Insbesondere in England sind aber Reaktionen auf die Almanach-Übersetzungen bekannt, in denen sich Kleriker wie William Fulke (›Anti-prognosticon, contra inutiles Astrologorum Praedictiones Nostradami‹, London 1560) und Matthew Parker, der Erzbischof von Canterbury,

46 Titelblatt des Nostradamus-Almanachs auf das Jahr 1564, erschienen bei Benoist Rigaud in Lyon. Das Bildmotiv stellt den Meister bei der Arbeit dar.

ausdrücklich auf Nostradamus beziehen und vom »phantastischen Mischmasch« (Eugene F. Parker) seiner Vorhersagen
sprechen. Indirekt ergibt sich daraus die große Popularität der
nostradamischen Prognostikationen. Guynaud schrieb 1694:
»All und jeder, Aristokratie, Bürgertum, Arbeiter, Gärtner,
Landwirte, Handwerker bedrängten Nostradamus mit ihren
Besuchen.« Auch daß ein reputierlicher und wohlbestallter
Edelmann wie Chavigny nach Salon kam, um Schüler und Adlatus des Propheten zu werden (s. S. 19), unterstreicht ein-
drucksvoll dessen zeitgenössisches Renommee.

Obwohl nur wenige Almanache Nostradami erhalten sind,
kennen wir durch Chavigny (Lyon 1594) etliche der almanachi-
schen Vorhersagen, beginnend mit der Prognostikation auf das
Jahr 1555 und endend mit der auf das Jahr 1567. Die Wahrsa-
gungen beziehen sich jeweils auf einen Monat, sind – wie die
›Zenturien‹ (s. S. 88) – vierzeilig und in Reimen gehalten und
gehorchen auch sonst in ihrer Verrätselungstechnik den kon-
struktiven Prinzipien des Hauptwerks (s. S. 90). So erfahren wir,
um jeweils nur eine Zeile herauszugreifen, für April 1555, daß
»sich das Meer rötet, der Hochgewachsene stolz und ungerecht
ist«, für April 1558, daß »nach Aquilon zu die Stimmen sich laut
erheben«, für April 1559, daß »der König als Sieger und Herr
gegrüßt wird«, für April 1562, daß »er von FERN kommen wird
und Bewegung schaffen«, und für April 1565 »Ausbreitung der
Pest, die Parteiungen bekämpfen einander«. Neben seinen Almanachen veröffentlichte Nostradamus in seinen ersten Jahren
mehrere Fachpublikationen, wenn man sie denn so nennen will:
›Traicté des fardemens et confitures‹ (Lyon 1552), ›Vray et par-
faict embellissement de la face‹ (Lyon 1552), ›Excellent et moult
utile Opuscule ô touts necessaire qui desirent auoir cognois-
sance de plusieurs exquises Receptes‹ (Lyon 1555), ein Nachdruck der beiden erstgenannten Schriften, ergänzt um Rezepte

Die **Gesamtprognostikation auf
das Jahr 1567,** wohl das letzte, was
Nostradamus schrieb, lautet: »Mort,
maladie aux jeunes femmes, rhumes,
/De tête aux yeux malheur mar-
chands de terre:/De mer infaust, se-
mes mal, vin par brumes,/Prou huile trop de pluie, aux fruits moleste,
guerre.«

Man kann dies so übersetzen:
»Tod, Krankheit junger Frauen,
  Erkältungen,
Vom Kopf zu den Augen Unglück
  Landkaufleute:
Vom Meer Unglück, die Saat
  schlecht, der Wein in Nebeln,
reichlich Öl zuviel an Regen, die
  Früchte bedrängt, Krieg.«

für einen Liebestrank und für die erwähnten Pastillen gegen die Pest (s. S. 50f.) sowie um – leider recht vage – Erinnerungen an seine Reisen durch Ostfrankreich und Norditalien zwischen 1537/1538 und 1544, dazu (wie Pagliani und Leroy annehmen; s. S. 54) an eine Italienreise 1548/1549.

Im Zuge seiner verstärkt magisch-okkult ausgerichteten Studien mag Nostradamus auf die ›Hieroglyphica‹ gestoßen sein. Dieses seltsame Werk in griechischer Sprache wurde einem Ägypter namens Horapollon zugeschrieben, der im 5. Jh. n. Chr. in Alexandria wirkte, ist in Wirklichkeit aber wohl eine Fälschung des 14. Jh. Bei den Lesungsversuchen von insgesamt 100 Hieroglyphen, denen weitere 89 Phantasiezeichen hinzugefügt sind, bevorzugt »Horapollon« allegorisch-symbolische Deutungen im Sinne einer reinen Wortzeichenschrift, wobei die Lautwerte übersehen werden. Die Begründungen, die der Autor für seine Schreibungen gibt, sind Spekulationen, »die keine Kenntnisse des Prinzips der Hieroglyphenschrift mehr verraten. Gerade aber diese Deutungen, zusammen mit der Annahme einer reinen Wortschrift, haben die Entzifferung der Hieroglyphenschrift lange verhindert, da man erst seit Young und Champollion das wirkliche Wesen der altägyptischen Schrift wieder erkannt hat« (Rudolf Hanslik).

Ein gewisser Jean Mercier hatte das prekäre Werk 1551 aus dem Griechischen ins Lateinische übersetzt, und irgendwann zwischen 1551 und 1555 – die Titelblätter des einzigen erhaltenen Exemplars in der Pariser Nationalbibliothek mit den Angaben zu Erscheinungsjahr und -ort sind verloren – übertrug Nostradamus es aus dem Lateinischen ins Französische als ›Orus Apollo, fils de Osiris, roi de Ægipte niliacque, des notes hieroglyphiques, livres deux mis en rithme par epigrammes, œuvre de increedible et admirable erudition et antiquité‹. 1968 erschien in Barcelona ein Nachdruck des Werks.

47 Einige Zeilen aus dem ›Orus Apollo‹ in Nostradami Handschrift

Die ›Zenturien‹

Eine komplizierte Publikationsgeschichte

Im Mai 1555 veröffentlichte Nostradamus bei Macé Bonhomme in Lyon den ersten Teil eines prophetischen Werks, das seinen Namen in ganz Europa bekannt machen sollte. Lange Zeit war die Forschung der Meinung, kein einziges Exemplar dieser ersten Ausgabe habe sich erhalten, und es entspannen sich sogar Diskussionen darüber, ob der französische Nostradamiker Eugène Bareste, dem die Ursprungsausgabe nach eigener Aussage vorlag, vielleicht die Unwahrheit gesagt hätte. Ein amerikanischer Kommentator, dessen Stellungnahme von James Randi bekanntgemacht wurde, bezweifelte um das Jahr 1930 sogar rundweg die Existenz einer solchen Erstausgabe. Nun schreckte Bareste, wenn es um Nostradamus ging, nachweislich auch vor expliziten Lügen nicht zurück, um die Gloriole des Meisters noch heller erstrahlen zu lassen (s. z. B. S. 52). In diesem Fall aber sagt er die Wahrheit, wenn er (Paris 1840) von einem winzformatigen Büchlein (kl. 8°, also etwa zwei Handteller groß) spricht. Schon der berühmte deutsche Bibliophile Carl Graf von Klinckowstroem, der 1913 in der ›Zeitschrift für Bücherfreunde‹ seinen grundlegenden Aufsatz über »Die ältesten Ausgaben der ›Prophéties‹ des Nostradamus« veröffentlichte, stellte fest, daß die Pariser Bibliothèque Mazarin bis 1887 ein Exemplar jener Erstausgabe besaß. Inzwischen sind weitere Exemplare bekannt geworden, und die Association des Amis de Michel Nostradamus hat das Original von 1555 verdienstvollerweise nachgedruckt (Roanne 1984).

Die Erstausgabe des Jahres 1555 umfaßt 353 prophetische Vierzeiler (*quatrains*) und trug den Titel ›Les prophéties de M. Mi-

---

Und dies geheimnisvolle Buch
Von Nostradamus eigner Hand –
Ist es Dir nicht Geleit genug?
Johann Wolfgang von Goethe,
›Faust‹

LES
PROPHETIES
DE M. MICHEL
NOSTRADAMVS.

A LYON,
Chés Macé Bonhomme.
M. D. LV.

48 Titelblatt der Erstausgabe von
1555

chel Nostradamus‹. Die nächste Ausgabe erschien wahrscheinlich 1556 in Avignon. Sie ist unter anderem von Johann Jacob Held in seinem ›Historischen Bericht von den praetendirten Prophezeuungen Nostradami‹ (Leipzig 1711) bezeugt, hat sich aber nicht erhalten, und es ist unbekannt, wie viele *quatrains* sie enthielt. Von der nächsten Ausgabe, 1557 bei Antoine du Rosne in Lyon gedruckt, lag dem Grafen Klinckowstroem ein Exemplar vor. Nach Klinckowstroems Bericht enthielt das Buch, dessen Titelseite er in seinem erwähnten bibliophilen Aufsatz reproduzierte (s. S. 89), als Vorwort den Brief an Sohn César und nachfolgend 640 Vierzeiler. Im Jahre 1558 scheinen diese in Lyon noch einmal gedruckt worden zu sein, und zwar unter Hinzufügung eines Briefes (datiert auf den 27. Juni 1558), den Nostradamus an Heinrich II. von Frankreich schrieb. Die Ausgabe von 1558 wird unter anderem von J. J. Held (s. o.) und Ende des 18. Jh. auch von Johann Christoph Adelung in seiner ›Geschichte der menschlichen Narrheit‹ (Leipzig 1789) erwähnt, die ein eigenes Kapitel »Michael Nostradamus, ein Zeichendeuter« enthält, hat sich aber in keinem einzigen Exemplar erhalten.

Die erste vollständige Ausgabe ist die posthume von 1568, gedruckt bei Benoist Rigaud in Lyon. Sie ist 10,4 x 7,2 cm groß und umfaßt in einem ersten Teil (125 Seiten) das Vorwort und 642 *quatrains* (also zwei mehr als in der Ausgabe von 1557; die

---

César als Fälscher?
Mit dem Nachdruck der Erstausgabe von 1555 hat sich auch die Verdächtigung erledigt, Nostradami Sohn César habe die ›Prophetien‹ erst zu einem sehr viel späteren Zeitpunkt geschrieben und die frühen Ausgaben erfunden, um die Vorhersagen künstlich rückzudatieren. Übrigens ruhte diese Verdächtigung stets auf tönernen Füßen. Die Hof- und Staatsbibliothek in München war bis 1942 im Besitz einer Ausgabe von 1557, gedruckt in Lyon, und J. J. Held (s. o.) besaß offenbar eine Ausgabe des Jahres 1556. Damals war César Nostredame gerade einmal fünf bzw. vier Jahre alt.

58 *quatrains*, die zur Komplettierung der siebten ›Zenturie‹ fehlen, wurden nie geschrieben bzw. veröffentlicht; s. aber S. 145), in einem zweiten Teil von 76 Seiten Umfang einleitend einen Brief an Heinrich II. und weitere 300 *quatrains*. Alle späteren Drucke der nostradamischen Vorhersagen basieren auf dieser Ausgabe, von der mehrere Exemplare (mit Druckvarianten) bekannt sind. Im gewissen Sinne kann man sie als *editio princeps* bezeichnen.

Es sei noch hinzugefügt, daß die erste in Deutschland gedruckte Ausgabe der ›Prophetien‹ oder ›Zenturien‹ (s. S. 88) – wohlgemerkt, in französischer Sprache – 1689 in Köln erschien.

Anspruch und Zweck der beiden Vorreden

Nostradamus war nicht der erste, dessen Weissagungen einen längeren Zeitraum abdeckten. So hatte Paracelsus schon 1536 eine ›Prognostication auff xxiiii jar zukünftig‹, also eine Vorhersage für die nächsten 24 Jahre, gewagt. Aber was bedeutete das schon gegen Nostradami Anspruch, der in der Vorrede zu den ersten 353 Vierzeilern behauptete, »perpetuierliche Weissagungen von jetzt an bis zum Jahre 3797« vorzulegen? Es war eben dieser maßlose, ja einschüchternde Anspruch, der den Ruf des provenzalischen Propheten definitiv begründete. Denn Weis- und Wahrsager gab es genug im zeitgenössischen Frankreich und Europa – nicht selten handelte es sich übrigens um akademisch geschulte Ärzte –, und auch wenn Nostradamus sich schon bald, wie die schon genannten (s. S. 66 f.) englischen Schmäh- und Abwehrschriften gegen ihn bezeugen, unter den Hunderten

49 Titelblatt der ersten vollständigen Ausgabe der ›Prophéties‹ (942 Vierzeiler, dazu der César- und der Heinrich-Brief), die 1568 bei Benoist Rigaud in Lyon erschien

von Almanachverfassern eine Sonderstellung erworben hatte, so waren es doch erst diese weitgespannten Zukunftsvisionen, die seinen Namen über nun schon fast ein halbes Jahrtausend in steter Erinnerung hielten. Die mysteriösen, einer Deutung sich entziehenden Prophetien haben zu allen Zeiten Interpreten angelockt und Kontroversen gestiftet.

Die erwähnten Vorreden formulieren Nostradami Ansprüche am klarsten und machen seine Weltanschauung deutlich. Die erste ist in die Form eines Briefes an den Sohn César gekleidet, der damals (1555) erst im dritten Lebensjahr stand. Etliche Interpreten haben in diesem Brief eine rührende väterliche Obsorge des Propheten für seinen ältesten, freilich spätgeborenen Sohn sehen wollen, andere eine verschlüsselte Botschaft an César: eine Art »Code«, mit dessen Hilfe der Sohn später einmal die Weissagungen entschlüsseln solle.

Halten wir demgegenüber fest, daß sich die Vorrede, die auf den 1. März 1555 datiert ist, formal einem in Mode gekommenen literarischen Typus der Renaissance verpflichtet zeigt. Der »Brief an den Sohn« war damals ein vielfach eingesetztes Kunstmittel: Ein Autor legte seine tiefsten Überzeugungen einem seiner Nachkommen dar, wobei er die Ehrlichkeit und Letztwilligkeit eines Testaments vorgab. Diese vorgetäuschte persönliche Ansprache und Offenheit sollte diejenigen überzeugen, an die der »Brief« eigentlich gerichtet war: die ganz normalen Leser. Der literarische Kunstgriff nutzte sich naturgemäß bald ab, und nach seiner Hochblüte im 16. Jh. haben die Autoren des 17. Jh. ihn kaum noch eingesetzt.

Das zweite Dokument, in dem Nostradamus Auskunft über sich gibt, ist der Brief an Heinrich II., der die letzten 300 *quatrains* einleitet. Er ist in den liebedienernden Höflingsstil der Zeit gekleidet und spricht Heinrich als »unüberwindlichsten, großmächtigen und allerchristlichsten König von Frankreich« an, dem sich

Der Brief an César

Deine späte Geburt, mein Sohn César Nostredame, hat mich veranlaßt, lange Stunden meiner fortdauernden Nachtwachen darauf zu verwenden, Dir in schriftlicher Form zu offenbaren, was mir der Geist Gottes durch die astronomischen Bewegungen kundgetan hat, so daß Du nach meinem körperlichen Dahinscheiden eine Erinnerung an Deinen Erzeuger hast, zum allgemeinen Nutzen der Menschheit. Dem unsterblichen Gott hat es gefallen, Dich erst vor kurzem das natürliche Licht dieser Erde

50 Heinrich II. von Frankreich

als sein »allerunterwürfigster und ge-
horsamster Diener und Untertan«
Michel Nostradamus nähere. Nostradamus hatte Heinrich II. Mitte August 1556 am Pariser Hof kennengelernt (s. S. 121f.) und bezieht sich auf
diese kurze Begegnung, wenn er von
der »Allerhöchsten Aufmerksamkeit«
schreibt, die ihm zuteil geworden sei, als
er »vor Eurer unermeßlichen göttlichen Majestät« habe erscheinen dürfen. Selbst angesichts
der schmeichlerischen Lakaiensprache an den Renaissancehöfen
erscheint dies stark aufgetragen. Wie die erste Vorrede hat die
zweite ihren Zweck: Nostradamus will sein Renommee erhöhen
und mögliche Kritiker, die er in seinem Heinrich-Brief ausdrücklich erwähnt, durch seine Nähe zu dem Mächtigen einschüchtern.

Nostradami Theorie der Weissagung

Insbesondere der César-Brief folgt in vieler Hinsicht den Kon-
ventionen der Almanach-Vorreden: etwa in der behutsamen Re-
lativierung, daß »all und jedes von der unergründlichen Macht
Gottes geleitet« werde (s. auch S. 58); etwa indem er, eine bekannte rhetorische Figur aufnehmend, seine menschlichen
Schwächen herausstreicht (»Ich bin ein größerer Sünder als irgendeiner in der Welt, unterworfen allen menschlichen Gebre-
sten«); etwa in der ruhmredigen Manier – heute würde man
von Produktwerbung sprechen –, mit der er reklamiert, »seit
vielen Jahren mehrere Male lange Zeit im voraus vorhergesagt
zu haben, was sich später begeben hat«; etwa mit seiner Ab-
grenzung von der »fluchwürdigen Magie«, vor der er César

erblicken zu lassen, und Dein noch schwach ausgebildetes Denken, bedingt durch Deine Jahre, die noch vereinzelt dastehen wie ein März-
monat, ist nicht in der Lage aufzunehmen, was zu vollenden mir aufgegeben ist. Unmöglich aber vermag ich Dir schriftlich zu vermitteln, was
der Zahn der Zeit zermahlen wird: Die ererbte Fähigkeit zur Weissagung
wird mit mir enden.

Beginn der Vorrede zur Erstausgabe der ›Prophetien‹,
datiert 1. März 1555

ausdrücklich warnt; etwa in den eingestreuten Bibelzitaten; etwa in seinen Bekenntnissen zur Kirche bzw. zu den »kanonischen Gesetzen«, die im Brief an Heinrich II. zu der Formulierung zugespitzt werden, »daß ich in der gegenwärtigen Epistel durchaus nichts zu schreiben mich unterfange, was gegen den wahren katholischen Glauben ist«.

Wir kommen darauf noch zurück (s. S. 76 ff.). Interessanter für uns ist an dieser Stelle, daß sich trotz all der dunklen Formulierungen, in denen Nostradamus schwelgt, eine Grundlinie der Argumentation erkennen läßt, eine Art Theorie der Prophetie. Die Sehergabe kommt demnach von Gott. Programmatisch – und durch die lateinische Sprachform noch hervorgehoben – schreibt Nostradamus an César: »*Soli numine divino afflati praesagiunt et spiriti prophetico particularia*« – »Nur die von der Gottheit und insbesondere vom prophetischen Geist Ergriffenen schauen die Zukunft.« Nostradamus sieht sich als einen Auserwählten, erhebt aber keinen prophetischen Alleinvertretungsanspruch. Die Sehergabe ist angeboren, ein Geschenk Gottes »und der guten Engel«, »ein natürlicher Instinkt, begleitet von poetischer Begeisterung«, und kann somit nicht schriftlich weitergegeben werden.

Wenn der geborene Prophet Blicke in die Zukunft und auf fremde Örtlichkeiten wirft, so ist ihm die »judizielle Astrologie« behilflich, die weder von der Heiligen Schrift noch den Kirchengesetzen verworfen werde. Der Seher vermag die Örtlichkeiten des Erdenrunds mit den himmlischen Konfigurationen in Beziehung zu setzen. Dies ist keine Frage besonderer Intelligenz, außergewöhnlicher Moral oder erprobter Religio-

51 Eine weitverbreitete Darstellung des 19. Jh., gedruckt bei Pellerin in Epinal, zeigt Nostradamus als Astrologen und Weissager in der Kleidung des 16. Jh. Warnend erhebt sich der prophetische Finger.

sität. »Nicht bacchantischer Furor noch die Wirkung der Körpersäfte« (*lymphatique mouvement*), sondern die »Verheißungen der Gestirne« (*astronomiques assertions*) inspirieren den Propheten. Der Seher verbindet den »Geist der Prophezeiung«, der »ätherischen Ursprung« besitzt, mit dem »himmlischen Leuchten der Nacht«. Es sei, als »blicke man in einen Brennspiegel, mit verschleierter Vision«. So genügt es denn nicht, die Sterne zu studieren, vielmehr muß die göttliche Inspiration den Seher erreichen – ein Vorgang, den Nostradamus mehrfach mit der Berührung durch eine dünne bzw. feine Flamme vergleicht: »Das, was in den Weissagungen verborgen ist, empfängt man durch den feinen Geist des Feuers (*subtil esprit du feu*), wobei das Verständnis zuweilen jedoch getrübt ist durch die Betrachtung der fernsten Sterne, während man zugleich hellwach bleibt.«

Dies alles wirkt sehr dunkel, hat aber zweifellos antike Wurzeln (s. u.), bis hin zu Nostradami Abwendung von Bacchantik und Körperlichkeit, in der wir einen Nachklang jener vehementen Polemik erkennen, die Poseidonios von Apameia, der große syrische Philosoph (ca. 135–50 v. Chr.), gegen Epikur führte.

Ein besonderes Anliegen ist es Nostradamus, daß seine Weissagungen vor ihrem tatsächlichen Eintreffen undeutbar bleiben. In der ersten Vorrede begründet er dies damit, daß seine Zukunftseinsichten den Interessen von Reichen, Parteiungen (*sects*) und Religionen widersprächen und er sich deshalb »in dunklen und verworrenen Sätzen« bzw. »in nebelhaften Umrissen« ausdrücke, und im Brief an den König schreibt er: »Es sind die meisten meiner prophetischen Strophen dermaßen holprig (*scabreux*), daß man weder einen Weg darin finden noch sie interpretieren kann.« Und an anderer Stelle: »Aber die Ungunst der Zeit, Durchlauchtigster König, erfordert es, solche verborgenen Ereignisse nur in rätselhafter Sprache zu offenbaren, nicht nur einen Sinn, ein Verständnis zulassend (…), sondern vielmehr in Dunkelheit gehüllt.«

Die Lehre setzt den erdgeformten Körper in Kontrast zum heiligen Feuer des Geistes. Alle fleischliche Begehrlichkeit erzeugt zu einem gewissen Grad das heilige Feuer, trübt es aber zugleich und hindert es am Aufstieg zum Äther.

Der Religionswissenschaftler Franz Cumont 1912 über jene Version
der antiken Astrologie, der Nostradamus verpflichtet war

Dies ganz im Sinne des von ihm zitierten Bibelworts (es handelt sich um Matthäus 7,6): »Gebt das Heilige nicht den Hunden, und werft eure Perlen nicht den Schweinen vor.« Zugleich beteuert er jedoch dem König: »Ich hätte, wenn ich wollte, jede Strophe mit der Angabe der Zeit versehen können, doch wären diese Angaben nicht allen genehm, am wenigsten die Auslegung, die sie erfahren könnten, und so müßte mir denn Eure Majestät zuvor ausgedehnte Vollmacht dazu erteilt haben, um Verleumdern keine Gelegenheit zu geben, mich anzugreifen.«

Gottesbegriff und Apokalyptik

Die beiden Vorreden sind noch in weiterer Hinsicht interessant. Der Gottesbegriff des Propheten, wie er sich hier abzeichnet, bleibt trotz der Bekenntnisse zu den kanonischen Lehren der katholischen Kirche ein eher alttestamentlicher. Christus oder die Dreifaltigkeit spielen keine Rolle, ebensowenig Heilige oder Maria als Fürsprecher, und auf die Mittlerrolle der Kirche scheint Nostradamus bei seinem Kontakt mit dem Göttlichen nicht angewiesen. Er steht in direktem Rapport mit dem Allerhöchsten, von dem ihm alle Einsichten und Zukunftsgesichte kommen.

52 Spanisch-mozarabische Illumination des 10. oder 11. Jh. Sie bezieht sich auf das Wort der Johannes-Apokalypse vom siebenköpfigen Tier, das aus dem Meer aufsteigen werde.

Von Adam bis zum Islam
Die Zeiträume unserer Altvorderen sind, vorbehaltlich einer Berichtigung durch das gelehrteste Urteil, daß Adam, der erste Mensch, ungefähr 1242 Jahre vor Noah kam. (…) Ungefähr 1080 Jahre nach Noah und der weltweiten Sintflut kam Abraham, der nach Meinung einiger ein vorzüglicher Astrologe war und die chaldäische Schrift erfand. Ungefähr 515 oder 516 Jahre danach kam Moses, und von seiner Zeit bis zu der Davids waren es ungefähr 570 Jahre. Danach sind zwischen der Zeit Davids und der Zeit

Dieser judäochristliche Gottesbegriff – dagegen ist der häufig behauptete Einfluß der Kabbala mit ihrer Emanationslehre nicht nachweisbar – stimmt mit dem apokalyptischen Ton von Voraussagen überein, die insbesondere in der zweiten Vorrede, dem Brief an König Heinrich, ganze Seiten füllen. Apokalypse ist eigentlich nur das griechische Wort für Enthüllung (= *apokálypsis*), wurde aber seit der ›Offenbarung des Johannes‹, einem Werk aus dem späten 1. Jh. n. Chr., gleichgesetzt mit Visionen einer Endzeit, zumeist gehalten in einer dunklen Symbolsprache. Solche prophetischen Visionen und Auditionen durchziehen vor allem das Alte Testament, beginnend mit dem Buch Sacharja (6. Jh. v. Chr.), und erreichen ihren Höhepunkt im Buch Daniel aus dem 2. Jh. v. Chr. Sie schließen übrigens traditionell nicht nur Zukunftsvisionen, sondern auch Belehrungen über die Geheimnisse der Schöpfung und den Lauf der Geschichte ein. Wir dürfen dabei nicht vergessen, daß zum Beispiel Fragen nach dem Alter der erschaffenen Welt und der Datierung der biblischen Vorväter hitzige Streitpunkte der Renaissance-Gelehrsamkeit waren. Nur so erklären sich die langen Passagen, die Nostradamus in seinem Brief an Heinrich II. der Rekonstruktion der biblischen Geschichte seit Adam widmet (s. u.).

Gewichtiger als diese Datierungen zur biblischen Geschichte – sie vermögen heute nur noch einige fundamentalistische Christen ‹u interessieren – erscheinen Nostradami Voraussagen. Einige davon sind mehr oder minder konkret, und es gibt eine klar datierte Vorhersage auf das Jahr 1732 (s. S. 96).

Jedenfalls beginnt Nostradamus in einer Weise zu orakeln, welche die üblichen Tatarennachrichten seiner Almanache definitiv ins Apokalyptische steigert: Der allgemeinen »Verbrennung der Welt« sollen nach Nostradamus »solche Fluten und so hohe Überschwemmungen« vorausgehen, »daß nicht leicht ein Gebiet zu finden sein wird, welches nicht mit Wasser bedeckt wäre«.

unseres Heilands und Erlösers Jesus Christus (...) 1350 Jahre gewesen. (...) Und von der Zeit der Erlösung der Menschheit bis zur abscheulichen Häresie der Sarazenen waren es ungefähr 621 Jahre, so daß man nun leicht zusammenrechnen kann, welche Zeitspannen vergangen sind.«

Da Nostradamus anderswo schreibt, er habe seinen Königsbrief am 15. März 1557 verfaßt (datiert ist er auf den 1. Juni 1558), war er also der Auffassung, man befinde sich etwa im Jahre 4758 nach der Schöpfung.

»Auch vor und nach solchen Überschwemmungen werden mehrere Gegenden so wenig Regen haben, und eine solche Fülle von Feuer und weißglühenden Steinen wird vom Himmel fallen, daß nichts übrig bleibt, was nicht verzehrt ist; und dieses wird sich in kurzem ereignen …«

Soweit der Brief an César. Noch prätentiöser und unübersichtlicher sind die apokalyptischen Vorhersagen des Königbriefs, die auch die Ankunft des Antichrist als der Inkarnation des Widergöttlichen einschließen (s. S. 152) und überhaupt verstärkt biblische Bilder einsetzen. So wird Gott der Schöpfer den Satan aus den Kerkern der Hölle loslassen, wird die Hure Babylon kurzzeitig triumphieren etc. In mehreren Auf- und Abschwüngen wogt der endzeitliche Kampf. Mal »wird die Geistlichkeit wieder in den früheren Status versetzt werden, in Üppigkeit und Unzucht zu schwelgen beginnen und tausend Greueltaten begehen«, mal »werden die Kirchenschlüssel wieder von der Liebe geführt werden«, mal werden kriegführenden Völkern die Schwerter genommen, mal wird »das niedere Volk sich erheben und die Gesetzestreuen verjagen«. So geht es über Seiten. Man empfindet heute sehr schnell bloße Langeweile bei der Lektüre dieser aneinandergereihten Schilderungen und Bilder, die, außer mit Bibelbezügen, gespickt sind mit rätselhaft bleibenden Orts- und Regionalangaben (*Dog et Doham*, vielleicht Gog und Magog, vielleicht der Philistergott Dagon). Dies vor allem, weil keine innere geschichtliche Entwicklungslogik sichtbar ist und alle Prophetie auf dem Vorstellungsniveau der Renaissance-Geographie und -Weltanschauung verharrt (s. auch S. 93ff., 110f.). Die Phantasie des Sehers zeigt sich beherrscht vom alttestamentlichen und johannesapokalyptischen Deutungsmodell, und peinlich genau achtet er darauf, nirgendwo in direkten Konflikt mit den kirchlichen Lehren und Schriften zu geraten (s. u.).

Gegen Ende seiner Epistel an den König betont Nostradamus noch einmal:
»All diese Darstellungen stimmen in Verbindung der Heiligen Schriften und der sichtbaren Himmelsdinge trefflich überein, nämlich mit Saturn, Jupiter und Mars und den übrigen im Bunde.«

Nostradami Praxis der Weissagung

Es war wichtig, sich zu verdeutlichen, daß Nostradamus einerseits einen sehr viel individuelleren Gottesbegriff als den katholisch-christlichen jener Zeit pflegt, andererseits ganz bewußt, ja geradezu ängstlich seine Treue zu den kanonischen Lehren bekundet. Zugleich genügt das Weltbild seiner Vorreden den Phantasmagorien der traditionellen christlichen Apokalyptik. In der prophetischen Praxis greift er jedoch eindeutig auf das bewährteste Vorbild der Antike zurück: jenes der Pythia von Delphi, der göttlich beseelten Sprecherin des berühmtesten Orakels der Alten Welt. Kenntnis von den Praktiken der delphischen Seherin hatte er durch ein Buch, das er bei seinen magisch-okkulten Studien kennenlernte, vielleicht in Avignon, vielleicht auch erst später in Aix: Es handelt sich um das schon genannte Werk (s. S. 39) ›De Mysteriis Ægyptorum‹ des syrischen Neuplatonikers Iamblichos, eine Art Handbuch der Magie, das von Marsilio Ficino aus dem Griechischen ins Lateinische übersetzt worden war, 1497 erstmals in Venedig erschien und offenbar mehrfach nachgedruckt wurde, so auch 1549 im nahen Lyon. Nicht nur der Umstand, daß Nostradamus in der ersten Vorrede dem Sohn gesteht, okkulte Werke mit »ausschweifenden Enthüllungen« gelesen, später aber verbrannt zu haben, nicht nur, daß in der zweiten Vorrede an Heinrich II. zu lesen ist, er habe einen Teil seiner Weissagungen »auf dem ehernen Dreifuß« zustande gebracht, legt den direkten Einfluß des Iamblichos nahe; auch die ersten beiden Vierzeiler der nostradamischen Prophetien (also I, 1 und I, 2) sprechen deutlich genug davon. Es handelt sich bei diesen insgesamt acht Zeilen ausnahmsweise nicht um Vorhersagen; vielmehr wird die Situation

53 Nostradamus als himmelskundiger Astrologe. Wie bei der Abbildung auf S. 74 handelt es sich auch hier um die Phantasie eines vom Drucker Pellerin in Epinal beauftragten Künstlers aus dem 19. Jh.

des Sehers beschrieben, den die göttliche Inspiration ergreift. Ein Vergleich mit entsprechenden Zeilen des antiken Werks erweist, daß Nostradamus sich zumindest in diesen Strophen nicht von der Gottheit, sondern von Iamblichos hat inspirieren lassen. Der hatte geschrieben: »Die Orakelpriesterin von Delphi empfing die Gottheit (…), während sie auf einem ehernen Schemel mit drei Füßen oder auf dem vierfüßigen Sessel sitzt, der dem Gott heilig ist, und wird von dem in Masse und Fülle aufsteigenden Feuer von allen Seiten umfangen und mit göttlichem Glanz gesättigt. (…) Die Prophetin des Branchos hält einen Stab in ihrer Hand, der ursprünglich von einem Gotte geschenkt ward, um vom göttlichen Glanz erfüllt zu werden, oder benetzt den Saum ihres Gewandes mit Wasser, um den Gott in sich aufzunehmen.«

Man vergleiche die Ähnlichkeiten zum Text der Nostradamus-Vierzeiler, den wir möglichst getreu, also nicht in gebundener Form (s. S. 88) wiedergeben:»Sitzend alleine in der Nacht während geheimen Studiums auf einem ehernen Stuhl: kommt eine dünne Flamme aus der Einsamkeit, läßt das zur Äußerung kommen, was man nicht vergeblich glaubt. Mit dem Stab in der Hand mitten in der Umgebung von BRANCHUS, befeuchtet er aus der Welle den Saum und den Fuß. Ein Schrecken, die Stimme brausend durch die Zweige. Göttlicher Glanz. Das Göttliche läßt sich nahebei nieder.«

Und vielleicht hat Nostradamus nach dem antiken Vorbild der delphischen Pythia, die sich mit Lorbeer zu bekrönen pflegte, ja tatsächlich so agiert, wenn er sich in Salon zu seinen »Nachtwachen« zurückzog. In einem Brief vom 27. August 1562 an einen gewissen François Bérard (Franciscus Berardus), der offenbar einen kostbaren Ring (*anulus*) vermißte und sich deshalb an Nostradamus gewandt hatte, schrieb der Meister davon, daß er »neun Nächte in Folge, von Mitternacht bis etwa vier Uhr mor-

---

Das Orakel von Delphi

Nach dem Mythos verbrachte der Gott Apollon die Wintermonate bei den Hyperboräern am Nordsaum des bewohnten Erdkreises. Im Frühjahr kehrte er nach Delphi in sein Heiligtum am Hang des griechischen Parnaß zurück. Nun konnte das Orakel angerufen werden.»Ein Baum, der Lorbeer, ein Gegenstand, der Dreifuß, und eine Frau, die Pythia, blieben durch die Jahrhunderte unentbehrliche Elemente der Orakelbefragung« (Evi Melas). Der Gott vermittelte seine Kraft durch den Dreifuß seiner Priesterin, die sich zuvor an der Kastalischen Quelle rituell gereinigt und Lorbeerblätter verbrannt hatte.

gens, Lorbeer auf meiner Stirn, einen blauen Edelstein an meinem Finger auf dem Dreifuß gesessen« und auf Inspiration in dieser Angelegenheit gewartet habe.

Nehmen wir Nostradami Angaben für wahr und wörtlich und legen dabei seine Theorie der Inspiration zugrunde, so ergibt sich für seine Praxis der Weissagung folgender Ablauf:

Der erste Schritt: Zu später nächtlicher Stunde zog der Prophet sich in sein Arbeitskabinett zurück und suchte dort »Seele, Geist und Gemüt von aller Sorge, Bekümmernis und Erregung zu befreien«, wie es im Heinrich-Brief heißt. Wahrscheinlich legte er dabei ein langes Gewand an – es könnte jener doppelt mit Silber verbrämte Umhang gewesen sein, der in Nostradami Letztem Willen Sohn César überschrieben wurde. Falls der Prophet ihn nicht ohnehin permanent trug, streifte er sich dann einen großen Goldring mit blauem Schmuckstein über – auch dieser offenbar kostbare Fingerreif ist im Testament eigens erwähnt

und fiel César zu (während der übrige Schmuck an Witwe Anne ging). Nach der Tradition der Pythia setzte der Prophet sich nun einen Lorbeerkranz aufs Haupt und nahm Platz auf einem dreibeinigen Messingstuhl. Nachdem er den Saum seines Gewandes mit Wasser benetzt – und vielleicht nach irgendwelchen Iamblichos-Formeln die Geisterwelt angerufen – hatte, wartete er auf die Inspiration. Der gerade

54 Pythia in Ekstase. Skulptur des 19. Jh. in der Pariser Oper

Nun wurde sie von göttlicher Ekstase erfaßt, doch sprach sie nicht direkt zu den Ratsuchenden. Vielmehr wurde das Spruchorakel, das entweder in Hexametern oder in freier Prosa ausgegeben wurde, durch den *prophetes*, einen der Priester, übermittelt. Bis ins 3. Jh. v. Chr. wurden junge Mädchen aus führenden delphischen Familien zur Pythia berufen, später ältere Frauen. In jedem Fall mußte die Pythia ein keusches Leben führen, ganz der Gottheit geweiht. Der von Iamblichos erwähnte Branchos war dem Mythos zufolge ein Seher, der als Sohn des Apollon die Priesterfamilie der Branchiden an der kleinasiatischen Orakelstätte Didyma begründete.

Absinth-Trinker Nostradamus?

Wir müssen an dieser Stelle kurz auf eine böse Behauptung eingehen, die zuerst von Edgar Leroy (s. S. 17), aber z. B. auch von Raoul Busquet in seinem Buch ›Nostradamus, sa famille, son secret‹ (Paris 1950) vertreten und zuletzt von James Randi in ›The Masks of Nostradamus‹ (New York 1990) protegiert wurde. Sie lautet kurz und bündig, Nostradamus sei ein Alkoholiker gewesen, der sich durch überreichen Weingenuß »inspiriert« habe. Die rätselhafte Sprache der Prophezeiungen erscheint aus der Sicht der genannten Interpreten bloß als das Gestammel oder Gekritzel eines Betrunkenen. Nun wird jeder, der – immer wieder um Verständnis ringend – die 942 Vierzeiler gelesen hat, sich diesem ketzerischen Gedanken nicht gänzlich verschließen können, aber es fehlt an jedwedem biographisch relevanten Beweis, der den Verdacht bekräftigte. Wenn die übelgesinnten Zeitgenossen Nostradamus auch nach Kräften schmähen, als Trunkenbold stellen sie ihn nicht ein einziges Mal hin, und natürlich hat auch César oder sonst ein Familienmitglied niemals eine Andeutung dieser Art gemacht. Wenn wir aus der letztwilligen Verfügung erfahren, der Keller des Wohnhauses von Salon sei mit drei Weinfässern bestückt gewesen, so ist in Erinnerung zu rufen, daß solche ›spirituellen‹ Reserven durchaus üblich waren für einen Landedelmann oder einen arrivierten Bürgerhaushalt jener Zeit. Aus der wohlbekannten Tatsache wiederum, daß die Trunksucht im Renaissance-Frankreich ein grassierendes Laster war, ist für die Einzelperson natürlich nicht das Geringste zu erschließen. James Randi, der stets etwas grobschlächtig argumentierende Astrologie-Widersacher, redet seinen Lesern freilich ein, indem er Bezug nimmt auf die Absinth-Trinker Baudelaire und van Gogh (für die in der Tat kontinuierlicher Alkoholmißbrauch belegt ist) sowie die Kampagne der französischen Regierung ab 1915 gegen den Absinth, jenes aus dem Wermut mit Anis- und Fenchelzusatz gewonnene Destillat, Nostradamus wäre ein fleißiger Nutzer der flüssigen Droge gewesen. »Wir können die klare Möglichkeit nicht ausschließen«, schreibt er suggestiv, »daß eine so volkstümliche und leicht erhältliche Substanz eine wichtige Rolle gespielt haben könnte in den Visionen, die Michel de Nôtredame erreichten«. Er spielt dabei auf die halluzinogenen, das Nervensystem zerrüttenden Wirkungen des Absinth an.

Nein, ausschließen können wir die Möglichkeit nicht, aber eben auch den positiven Beweis nicht führen. In der Tat *könnten* Wein und Branntwein, *könnte* auch der gerade in Südfrankreich traditionell überaus beliebte Absinth für Nostradami visionäre Produktivität eine Rolle gespielt haben, so wie die antiken Sibyllen, die Orakelpriester und die Teilnehmer an den Mysterien, um sich in ekstatischen Rausch zu versetzen, ein Gebräu mit einer pulverisierten Mutterkornart zu sich nahmen, die auf dem Paspalum-Gras des Mittelmeerraums wächst und bewußtseinsverändernde Alkaloide enthält, doch führt uns dies alles nicht weiter. Denn selbst wenn Nostradamus seine nächtlichen Inspirationen »alkoholgestützt« empfing, so hat er diesen Trug- und vielleicht auch Trunkenbildern in seinen gereimten Vierzeilern – dies allerdings unmöglich im Absinthrausch – doch eine feste Form gegeben. So verfolgen wir Leroys These schon deshalb nicht weiter, weil sie nicht nur unbeweisbar, sondern letztlich irrelevant ist.

zitierte Brief an François Bérard legt zwar nahe, daß Nostradamus oft nächtelang zu warten hatte, bis der »feine Geist der Flamme« ihn endlich erreichte, doch kann es sich hier ebensogut um eine kommerziell begründete Übertreibung handeln mit dem Zweck, den Preis für sein prophetisches Gutachten hochzutreiben.

Der zweite Schritt: War die von Nostradamus reklamierte göttliche Berührung, ob man sie nun als ekstatische Selbsthypnose oder tatsächlich als übersinnliche Vision versteht, mit oder ohne Absinth gewonnen, machte sich der Prophet an die Bestätigung des visionären Bildes durch die »judizielle Astrologie«, das heißt durch Sternbeobachtung. Ob dies stets in derselben Nacht geschah, läßt sich aus Nostradami Selbstzeugnissen nicht erschließen. Edgar Leoni rekonstruiert Nostradami zweite Nachtarbeit jedenfalls folgendermaßen: »Angenommen, er hatte ein Geschehnis ›gesehen‹, das ein Unglück für eine italienische Hafenstadt anzuzeigen schien, so hätte er in diesem Fall Horoskope für Venedig, Genua etc. erstellt. Ging aus einem dieser Horoskope eine drohende Katastrophe hervor, so war das Problem für ihn gelöst. Nach eigenem Behaupten vermochte er durch die Astrologie auch die zeitliche Beziehung zwischen verschiedenen Geschehnissen zu bestimmen und somit darüber zu entscheiden, welche Ereignisse in den einzelnen *quatrains* zusammen erscheinen sollten.« Vieles bleibt in Leonis Deutung unklar, so zum Beispiel der Zeitpunkt, zu dem ein *quatrain* formuliert wurde, denn wenn der amerikanische Forscher recht hätte mit Bezug auf Nostradami Vorgehen, in einem Vierzeiler jeweils zukunftszeitlich gemeinsame Ereignisse zusammenzustellen, so hätte es Monate und Jahre dauern können, bis nach unendlich vielen Himmelbeobachtungsnächten eine der vierzeiligen Prophezeiungen zur Formulierung reif war. Zudem bleibt die Frage, nach welcher Methodik im Heinrich-Brief die chronologische Folge der biblischen Vorväter datiert wurde.

55 Absinth-Trinker: links Vincent van Gogh (s. auch S. 10ff.), rechts Charles Baudelaire, der Dichter der berühmten ›Blumen des Bösen‹ (1857).

Das Hauptproblem wird von Leoni ohnehin nicht berührt: Wir meinen die Qualität der von Nostradamus immer wieder verteidigten und zur Begründung seiner Prophezeiungen bemühten judiziellen Astrologie. Die entscheidende Frage lautet, wie es der zeitgenössischen Astrologie, die auf einem falschen Bild des Kosmos basierte, gelungen sein soll, auch nur ihren eigenen Ansprüchen zu genügen.

Nostradamus als Astrologe

Als Nostradamus seine ersten ›Zenturien‹ veröffentlichte, also 1555, lag schon mehr als ein Jahrzehnt ein Werk vor, das die astronomische Sicht revolutionierte. 1543, in seinem Todesjahr, hatte Nikolaus Kopernikus (1473–1543) seine ›De revolutionibus orbium coelestium libri VI‹ erscheinen lassen und damit das heliozentrische Weltsystem begründet, in dem die Sonne von

der Erde umkreist wird, nicht umgekehrt. Unzufrieden damit, wie unzulänglich das ältere geozentrische System über längere Zeiträume die Planetenpositionen zu bestimmen vermochte, beschrieb Kopernikus zugleich mit der Jahresbewegung der Erde um die Sonne die tägliche Umdrehung des Fixsternhimmels als Rotation der Erde um ihre eigene Achse. Es sollte allerdings noch Jahrzehnte dauern, bis seine Erkenntnisse sich

56 Nikolaus Kopernikus

Kopernikus und Nostradamus
Ob Nostradamus jemals von Kopernikus gehört hat, wissen wir nicht, jedenfalls blieb er zeitlebens Anhänger des älteren geozentrischen Weltsystems. Dies geht z. B. aus seiner auf 1558 datierten zweiten Vorrede (Heinrich-Brief) zu den letzten 300 Vierzeilern hervor, wo Nostradamus

die Sonne weiterhin zu den Planeten rechnet. Denn so entsprach es einem System, das nach Klaudios Ptolemaios (ca. 90/100–ca. 165/170 n. Chr.), dem antiken Geographen aus Alexandria, auch das ptolemäische genannt wird. Danach stand die kugelförmige und unbewegliche Erde exakt im Zentrum eines ebenfalls

durchsetzten, zumal die katholische Kirche das Werk –
das der selbst im Kirchen-
dienst stehende Kopernikus
paradoxerweise Papst Paul III.
gewidmet hatte – 1616 auf den
Index Librorum Prohibitorum
setzte, die Liste der verbotenen,
da unkatholischen Bücher.

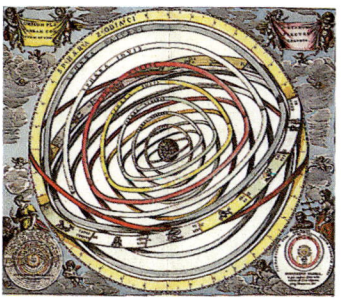

Bis heute hat die Astrologie
die kopernikanische Wende
nicht bewältigt – und noch
weniger den Umstand, daß

57 Räumliche Darstellung des pto-
lemäischen Systems mit der Erde im
Zentrum

die Umlaufbahnen der Erde und der anderen acht Planeten um
die Sonne nicht die Form eines Kreises, wie es übrigens auch
Kopernikus noch annahm, sondern die einer Ellipse haben. Allein der Tierkreis und die Einteilung des Sternenhimmels in
»Häuser« blieben durch den Übergang zum heliozentrischen
System unberührt, aber selbst hier ist anzufügen, daß sich unser
Blickwinkel auf die Tierkreiszeichen »durch eine schlingernde
Bewegung in der Erdrotation« (Albert S. Lyons) in den letzten
2000 Jahren erheblich verändert hat. Doch soll es hier nicht um
eine Grundsatzkritik der Astralmythologie gehen. Es sei lediglich klargestellt, daß Nostradami Astrologie auf einem hinfälli-
gen geozentrischen Bild des Kosmos, speziell des Sonnensystems
gründete, dessen Akzeptanz eben um jene Zeit zerbrach, als der
provenzalische Prophet zum »Orakel Frankreichs« aufstieg.

Was stand Nostradamus zur Verfügung, wenn er astrologisch
tätig wurde, um seinen prophetischen Visionen Ort und Zeitpunkt zu geben? Im Kodizill seines Testaments hinterläßt er
Sohn César ein Astrolabium, gefertigt aus Messing. Solche Astro-
labien waren die Hauptwerkzeuge von Astronomen und Astro-

kugelförmigen Himmelsgewölbes,
umkreist von Erdmond, Sonne, Mer-
kur, Venus, Mars, Jupiter, Saturn
und der Fixstern-Sphäre. So jedenfalls ist es im astronomischen Hauptwerk des Ptolemaios entwickelt,
dem ›Almagest‹, und so sah es auch
noch das Renaissance-Frankreich.
Für Nostradamus kreiste also die

Sonne um die Erde. Zugleich kannte
er wie alle seine astrologisch tätigen
Zeitgenossen mehrere Planeten noch
nicht: Der Uranus wurde erst 1781
von dem englischen Astronomen
Wilhelm Herschel entdeckt, der Pla-
net Neptun im Jahre 1846, der Pluto,
dessen Existenz man seit 1905 vermutete, sogar erst 1930.

58 Ptolemaios mit Astrolabium.
Schnitzerei im Chorgestühl des
Ulmer Münsters

»Sterblich, wie ich bin, weiß ich, daß mir nur ein Tag
beschieden ist, doch wenn ich die dichtgeschlossene
Vielzahl der Sterne in ihrer Kreisbewegung verfolge,
heben sich meine Füße von der Erde; ich steige auf zu
Zeus selbst, um mich von Ambrosia zu nähren, der
Nahrung der Götter.«

*Klaudios Ptolemaios. Erhaltenes Fragment
aus der ›Anthologia Palatina‹, IX*

logen. Eine Holzskulptur im Chorgestühl des Ulmer Münsters – sie
wird der Künstlerwerkstatt des
Jörg Syrlin zugeschrieben – zeigt
Ptolemäus selbst, der ein solches
gestieltes Astrolab in der Hand
hält. Es handelt sich um eine Ar-
millarsphäre, deren Visierlineale
und feste oder bewegliche Ringe mit eingravierten Maßzahlen
es erlaubten, die Koordinaten der Gestirne und die Längendiffe-
renzen von Sonne und Mond zu bestimmen.

Wie Nostradamus mit den von ihm erhobenen Daten um-
ging, ist im einzelnen unbekannt; er könnte sich der Technik
der astrologischen »Progressionsmethode« ebenso bedient haben wie jener der sogenannten »Transite«.

Wir wissen jedenfalls vom spektakulären Scheitern eines jener Horoskope, mit denen er jenseits seiner Almanach- und
Prophetie-Produktion gutes Geld verdiente. Aus Briefen bekannt ist zum Beispiel, daß er im Auftrag des Advokaten
François Bérard (s. S. 80) Horoskope erstellte. Wir wollen hier
über sein Horoskop für Antoine Suffren sprechen, da es uns in
seinen Details bekannt ist. Anders als bei den vielen den Meister umrankenden nebulösen Legenden (s. z. B. S. 47f.) handelt
es sich in diesem Fall (s. den Text S. 87) um einen datierbaren
und glaubwürdigen Bericht.

Nostradamus hat allerdings Astrologie betrieben, allein nur so weit es
eben damals eine Modesache und allgemeine Liebhaberei war, etwa
ebenso wie der große Kepler, der sich im übrigen als wissenschaftlicher
Forscher von ihr durchaus frei hielt.

Eberhard Dennert, ca. 1929

Ein Horoskop, das Nostradamus erstellte

Pierre Gassendi (Petrus Gassendus; 1592–1655) war ab 1645 Professor der Mathematik am Collège Royal in Paris und ein Naturphilosoph, der die raum-zeitlichen Konzeptionen Newtons vorbereitete. Als entschiedener Gegner der Astrologie schrieb er kurz vor seinem Tod ein Werk, das sich offen gegen all die kursierenden Himmelsweissagungen wandte und posthum auch in einer englischen Ausgabe erschien (London 1659). In diesem Werk wird ein Horoskop erwähnt, das Nostradamus für einen gewissen Antoine (Antonius) Suffren erstellte. Antoine war der Sohn von Jacques Suffren, der Nostradamus 1566 als Zeuge bei der Abfassung des Testaments zur Verfügung stand (s. S. 140). Der Enkel jenes Jacques und Sohn jenes Antoine besaß noch das Horoskop für seinen Vater »in der eigenen Handschrift des Nostradamus« und überließ es Gassendi zur Einsicht. Da das Schriftstück sich leider nicht erhalten hat, ergibt sich natürlich keine letzte Gewißheit, doch ist absolut glaubwürdig, daß Nostradamus im Auftrag eines seiner engsten Vertrauten, Jacques Suffren, in die Sterne schaute, als diesem ein Sohn geboren wurde. Solche Geburtshoroskope waren ja überaus beliebt und in den Bildungsschichten der Renaissance-Zeit, die der Astrologie generell einiges zutrauten, fast obligatorisch. Gassendi wiederum, auf dessen Zeugnis wir uns hier verlassen müssen, fällt in seinen sonstigen Schriften durchaus nicht als leichtfertiger Verleumder auf, und der Detailreichtum dessen, was er uns wiedergibt, spricht zusätzlich für seine Wahrhaftigkeit. Antoine Suffren wurde demnach am 15. Januar 1543 geboren, »22 Minuten nach der Mittagszeit«. Nach der Voraussage des Nostradamus würde er mit 16 Jahren eine gefährliche Dysenterie oder einen Blutsturz erleiden; im 17. Lebensjahr von einem akuten und hohen Fieber heimgesucht werden, im 20. Lebensjahr von der Liebe übermannt werden und darüber seine Studien vernachlässigen etc. Nichts davon hat sich allerdings, so bezeugt der Sohn, bewahrheitet! Unter vielen anderen Urteilen des Propheten im Geburtshoroskop des Antoine Suffren sind diese bemerkenswert: »*Er werde seinen Bart lang und gekräuselt tragen* (jedoch rasierte er stets sein Kinn), *in der Mitte seiner Jahre würden seine Zähne verfault sein* (er hatte jedoch bis zu seinem Todestag sehr weiße und kräftige Zähne), *in seinen alten Jahren werde er fast bucklig gekrümmt und gebeugt gehen* (während er bis zuletzt so gerade und straff ging wie nur irgendein junger Mann), *im 19. Lebensjahr werde er durch die Erbschaft eines Fremden außerordentlich reich werden* (doch fiel Antoine Suffren nur das väterliche Erbe zu, und nie verfügte er über Reichtum oder Grundbesitz), *von seinen Brüdern werde er durch deren betrügerische Machenschaften Schaden erleiden, und in seinem 37. Lebensjahr werde sein eigener Bruder ihn verwunden* (doch besaß er niemals einen Bruder), *er werde eine Fremdstämmige heiraten* (doch nahm er eine französische Frau aus Salon zur Gattin), *im 27. Lebensjahr werde ihm ein unehelicher Sohn nachgesagt werden* (wovon nie jemand gehört hat). (…) *In seinen späten Jahren werde er sich der Navigation und der Musik widmen* (doch bedeutete ihm die Musik nie viel und war er sein Lebtag nicht ein einziges Mal auf dem Meer), *er werde nicht älter als 75 Jahre werden* (er wurde nicht einmal 54 Jahre alt, wovon Nostradamus mit keinem Wort sprach).« Soweit Pierre Gassendi.

Ordnung und sprachliche Fassung

In welcher Weise hat der Seher aus Salon seine prophetischen Strophen geordnet? Nach eigener Aussage so, daß ihre zeitliche Folge nicht zu erschließen war. Wenn Edgar Leoni behauptet, Nostradamus habe jeden einzelnen prophetischen Vierzeiler »auf einen Zettel geschrieben und diesen Zettel mit den anderen in einem Korb vermischt, um dann durch Ziehung die Reihenfolge in den ›Zenturien‹ zu ermitteln«, so ist dies pure Spekulation. Belege für eine solche Annahme fehlen. Der sonst um Objektivität bemühte amerikanische Forscher läßt sich hier offenbar durch Analogien zum antiken Losorakel hinreißen, wie es zum Beispiel durch die Pythia von Delphi praktiziert wurde.

Wahrscheinlicher ist, daß die Zusammenstellung der Strophen auf spontanen Entscheid ihres Urhebers erfolgte; der Umstand, daß einige Prophetien offenbar in »Serie« aufeinanderfolgen, stützt diese Vermutung.

Die Vierzeiler sind auf konventionelle Weise gereimt, die erste und die dritte, die zweite und die vierte Zeile eines jedes Wahrspruchs klingen zueinander. Ein jambischer Pentameter mit »männlichen« und »weiblichen« Längen gibt den poetischen Takt – wobei auch glühende Nostradamiker eingestehen, daß der Meister nicht gerade ein begnadeter Poet war. Aber das hatte Nostradamus ja selbst schon zugegeben, als er in seinem Heinrich-Brief formulierte, seine Vierzeiler seien nicht nach »den strikten Regeln der Poesie« verfaßt. Jedenfalls überschränkt das Reimprinzip, auch wenn es nicht immer konsequent durchgehalten wird, die kryptischen Inhalte, verleiht ihnen eine Festigkeit, die aus der inhaltlichen Lesung selbst nicht erwächst. Denn auch denjenigen, die des Renaissance-Französischen mächtig sind, bieten sich die prophetischen Vierzeiler als ein einziges Ænigma dar.

Seit langem vermutet man, daß Nostradamus die Vierzeiler ursprünglich lateinisch abfaßte und danach ins Französische

---

Zur Bezeichnung ›Zenturien‹
Die Erstausgabe von 1555 wie auch die erste vollständige Ausgabe von 1568 trugen jeweils den Titel ›Les Prophéties de M. Michel Nostradamus‹ (s. S. 70/71). Da die Voraussagen in Bücher von jeweils 100 Strophen gegliedert waren (Ausnahme: Buch VII), hat sich nach dem französischen Wort für 100 = cent bereits früh auch das Wort ›Zenturien‹ als Bezeichnung für Nostradami Hauptwerk eingebürgert.

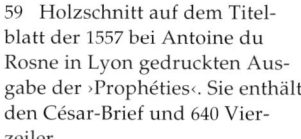

59 Holzschnitt auf dem Titelblatt der 1557 bei Antoine du
Rosne in Lyon gedruckten Ausgabe der ›Prophéties‹. Sie enthält
den César-Brief und 640 Vierzeiler.

übertrug, wobei er die lateinische Syntax als Mittel der Mystifikation auch im Französischen beibehielt.

Daß der letzte Vierzeiler der sechsten ›Zenturie‹ (VI, 100) in
lateinischer Sprache abgefaßt ist, kann allerdings nicht, wie es
gelegentlich geschieht, als Beweis für diese These angesehen
werden. Denn hier handelt es sich um eine herausgehobene, eigens mit einer Überschrift (»*Legis Cantio Contra Ineptos Criticos*« –
Anrufung des Gesetzes gegen unfähige Kritiker) versehene
Strophe, die sich nicht um Prophetie bemüht, sondern in einer
Art Bann- und Warnspruch vor einer »falschen« Rezeption des
Werks warnt. Anders gesagt: Der Prophet versucht dort, seine
potentiellen Gegner in Angst zu versetzen, indem er drohend
auf einen geheimen Ritus hinweist (»Wer anders handelt, soll
dem geheiligten Ritus unterworfen sein«).

Wie schon angedeutet, sind die Vierzeiler in jenem Französisch gehalten, das im 16. Jh. geläufig war. Es war dies ein
Idiom, das auf der lateinischen Sprache gründete, sich aber historisch langsam von ihren Ursprüngen entfernt hatte. Wo Nostradamus explizit lateinische Ausdrücke einstreut, genügt er
den Regeln der Zeit, die dem Gebildeten vorschrieben, seine
Kenntnis der alten Grundsprache zu demonstrieren, so wie er ja
auch den eigenen Familiennamen ins Lateinische gesetzt hatte.

Die 942 **quatrains** des Hauptwerks
machen dem Leser viel Beschwer.
Jean Gimon formulierte 1882:
»Der Stil der Zenturien ist so
vielgestaltig und so nebelhaft, daß
ein jeder, der ein wenig Anstren-
gung und guten Willen aufbringt,
in ihnen das findet, was er
sucht.«

Sprachliche Mittel, die Nostradamus einsetzte

Dem Bildungsanspruch der Zeit und dem Wunsch, solche Bildung zu demonstrieren, entsprechen die zahlreichen mythologischen Anspielungen mit Bezug auf die griechisch-römische Götterwelt, so etwa der Hinweis auf die Bellerophon-Mythe in VIII, 13. Zugleich dienten solche Anspielungen der von Nostradamus angestrebten Verschleierung der prophetischen Inhalte. Dies gilt noch mehr dort, wo ältere Ortsnamen statt der modernen benutzt werden, etwa »Port Phocen« (»Phokener Hafen«) für Marseille, das ja als Pflanzstadt des westkleinasiatischen Phokaia entstand.

Die Anagramme, die Nostradamus nach der Mode der Zeit verschiedentlich einsetzt (z. B. Rapis für Paris, Nersaf für France), haben gleichfalls eine mystifizierende Funktion. Sie werden ergänzt durch andere Kunstgriffe, die sprachwissenschaftlich als Apokope, Synkope und Apheresis bzw. als Prosthesis und Epenthesis bekannt sind. Bei der Apokope entfällt der Auslaut, entweder ein Buchstabe oder eine Silbe, und es steht z. B. Carcas für Carcassonne, bei der Synkope entfällt ein Buchstabe oder eine Silbe aus der Mitte eines Worts, bei der Apheresis ein Buchstabe oder eine Silbe vom Wortbeginn. Die beiden anderen Begriffe bezeichnen gegenteilige Wortveränderungen, also Hinzufügungen von Buchstaben und Silben, sei es am Wortanfang (Aspire statt Spire) oder in der Wortmitte. Gelegentlich werden auch Buchstaben und Silben eines Wortes in einer anderen als der korrekten Folge geschrieben (sogenannte Metathesis, ein deutsches Beispiel wäre die Verwandlung von Born in Bronn). Meist handelt es sich um eingeführte poetische Stilmittel, die von Nostradamus aber nicht verwendet werden, um Reim oder Takt zu halten, sondern allein zur Verrätselung.

Der dienen auch andere sprachliche Mittel, z. B. das unzählige Male von Nostradamus eingesetzte Hyperbaton, bei dem die übliche Wortstellung eines Satzes willkürlich verändert wird. Auch hierfür ein Beispiel. Statt »Die Sonne steht hoch am Himmel« würde Nostradamus vielleicht »Steht hoch los in celestios« schreiben – und hätte dann neben der Inversion der üblichen Wortstellung auch noch mythologisch-lateinisches Vokabular (sol in coelestis), ein Anagramm (los statt sol) und eine Metathesis (celestios statt coelestis) zu weiterer Verunklärung eingesetzt. Bei der vom Propheten ebenfalls besonders häufig benutzten Ellipse fällt ein sich wiederholendes, sinngemäß aber erschließbares Wort aus, wie es das Beispiel »Anna ißt Kartoffeln, Maria [ißt] Nudeln« verdeutlichen mag. In Nostradami Rätselsätzen führen solche Wortausfälle zu noch vertiefter Rätselhaftigkeit.

Schließlich sei noch auf den Kunstgriff der Synekdoche hingewiesen, auch sie von Nostradamus als obskurierendes Mittel eingesetzt. Hier steht ein Begriff pars pro toto – so wie wir heute unter »Weißes Haus« nicht den Bau selbst, sondern im übertragenen Sinne die US-Regierung in Washington verstehen. Allerdings bedient sich Nostradamus nicht der zeitgenössisch eingeführten Synekdochen, sondern erfindet neue Ersatzbegriffe, die all und jeder Deutung bzw. Fehldeutung Raum lassen.

Nicht zu vergessen, daß auch die unregelmäßige und zuweilen fehlende Zeichensetzung die Spekulation der Interpreten beflügelt hat, da Sinneinheiten nun noch weniger erschließbar sind, so wie zugleich ganze Fliegenschwärme von Druckfehlern dem Text der ›Zenturien‹ zusetzen. Es bleibt unklar, ob Nostradamus die Zeichensetzung bewußt zu weiterer Mystifikation vernachlässigte oder ob er keine Möglichkeit der Korrektur hatte.

Das Problem der Übersetzung

Übersetzung bedeutet bekanntlich Interpretation. Jedes Wort der 942 französischen Vierzeiler wehrt sich aber gegen eine eindeutige Sinngebung. Sagen wir es deshalb kurz: Die ›Zenturien‹ sind nicht übertragbar in eine andere Sprache. Wer das vorangegangene Kapitel sorgsam gelesen hat, wird daran ohnehin nicht mehr zweifeln. All die Sprachkniffe, mit denen Nostradamus seine Wahrsprüche formte, rücken schon die französische Originalfassung ins Dämmer der Unverständlichkeit. Die dahintaumelnden Sätze, gespickt nicht nur mit Errata, sondern auch mit grammatikalischen Fehlern, bei denen »ein Pluralverb ein Singularsubjekt hat oder umgekehrt« (Edgar Leoni), die unzähligen dunklen Andeutungen, die man so oder auch anders verstehen kann, die prätentiösen Latinismen und all die Wort- und Buchstabenspiele, von denen wir gesprochen haben, machen es unmöglich, eine Übersetzung, etwa in die deutsche Sprache, zustande zu bringen. Nicht einmal die in Prosa gehaltenen zwei Vorreden, der César- und der Heinrich-Brief, lassen sich angemessen übertragen, auch wenn es hier etliche Passagen gibt, über deren Sprachlichkeit und Sinn keine Zweifel bestehen. Dort jedoch, wo Nostradamus in diesen Episteln über seine Fähigkeit der Prophetie spricht, fällt sogleich Zwielicht über seinen Text. Wahrscheinlich wollte der provenzalische Seher es so und nicht anders.

Nostradamus sei unübersetzbar? Eduard Rösch sah dies durchaus anders, als er ›Die erstaunlichen Bücher des Großen Arztes, Sehers und Schicksals-Propheten Nostradamus‹ ins Deutsche übertrug und 1849/50 in der ›Bibliothek der Zauber-, Geheimnis- und Offenbarungs-Bücher‹ bei J. Scheible in Stuttgart erscheinen ließ. Die deutschen Nostradamiker bedienen sich bis heute zwar fleißig der inzwischen rechtefreien Versübersetzungen, mit denen Rösch, da er auch noch den Reim zu halten

Die Natur dieser Prophezeiungen ist solcherart, daß keine englische Übersetzung als endgültig betrachtet werden kann, und nur jener, der einigermaßen Französisch versteht, in der Lage ist, die Bedeutung oder die Bedeutungen innerhalb der Prophezeiungen zu verstehen.

Edgar Leoni, 1961

suchte, eine wahre Sisyphusarbeit vollbracht hat, sind dabei meist aber so anstandsfrei, ihre Quelle nicht zu nennen. Andere Übersetzungen ins Deutsche stammen von Ernst R. Ernst (1986), Kurt Allgeier (1988) und – wenn man hier denn von einer Übersetzung sprechen will – von Manfred Dimde (1994).

Stets sind sie geprägt von dem Wunsch nach einer »Sinngebung des Sinnlosen« – um ein berühmtes Wort von Theodor Lessing zu benutzen. Dies führt zu gravierenden Abweichungen zwischen den einzelnen Übersetzungsversionen. Wenn man Nostradamus schon im Original nicht recht versteht, versteht man ihn in den Übetragungen noch weniger oder eben noch »falscher«. Greifen wir als ein beliebiges Beispiel den ganz unspektakulären ersten Vierzeiler der ›Zenturie‹ IX heraus. Im französischen Original der Ausgabe von 1568 liest man:

> »Dans la maison du traducteur de Bourc,
>
> Seront les lettres trouvées sur la table,
>
> Borgne, roux, blanc, chenu tiendra de cours,
>
> Qui changera au nouveau Connétable.«

Übersetzungsvarianten

In dem Haus des Austrägers von Tours
Man die Briefe findet auf der Tafel,
Einäug', Rot, Weiß, Grau verbleibt im Kurs,
Der sich ändert dem neu'n Connetabel.

Eduard Rösch

Im Hause des Interpreten der »Hohen Festung«
Sind die Schriften am (Schreib-)tische ersonnen worden.
Dunkel, (aber) grell kommt Weiß-Klares von der Lehre (darüber),
Was zu Neuem der hohe Weltenrichter umgestaltet.

Ernst R. Ernst

Im Haus des Übersetzers von Bourges
Werden auf dem Tisch die Briefe gefunden.
Einäugig, rot, weiß, grauhaarig hält er an seinem Kurs fest,
der von neuen Connétable geändert wird.

Kurt Allgeier

In dem Haus wird abgestützt werden der Führer des Geldbeutels.
Man wird haben die Bildung entdeckt – fünf ist unter dem Tisch.
Schielen (zur) rotgelben Bühne – kahl wird sie werden im (weiteren)
  Verlauf.
Welch' Wechsel zum Neuen läutet zum Tisch.

Manfred Dimde

Die Themen der ›Zenturien‹

Nostradamus lebte in einer Welt des Auf- und Umbruchs (s. S. 12f.). Politische Auseinandersetzungen und Zweckbündnisse beherrschten die Staatenwelt. Nostradamus war als junger Mann Zeitgenosse, als Franz I. und Heinrich VIII. von England sich im Camp du Drap d'or bei Guînes treffen (1520); er erlebte den Beginn des ersten Krieges zwischen Frankreich und Karl V. (1521), die Vertreibung der Franzosen aus Mailand (1522) und die Rückeroberung der Stadt (1524), die Gefangennahme des französischen Königs in Pavia (1525), den berüchtigten Sacco di Roma (1527) ebenso wie den »Damenfrieden« von Cambrai (1529), die Besetzung Savoyens durch Franz I. (1536), den Waffenstillstand von Nizza (1538), westfranzösische Bauernaufstände gegen die Salzsteuer (ab 1542), einen Krieg Frankreichs mit England (ab 1544), die politischen Manöver Heinrichs II., der den italienischen Krieg wieder aufnimmt (1551), sich im Vertrag von Chambord mit den rebellischen deutschen Fürsten um Moritz von Sachsen zusammenfindet (1552) und schließlich ein Bündnis mit Papst Paul IV. schließt (1555). Die französische Niederlage gegen die Spanier (1557) und die Kriegserklärung Englands unter Maria Tudor an Frankreich (1557) komplettierten die insgesamt

60 Franz I. (oben) und Karl V., die beiden großen Kontrahenten im mitteleuropäischen Machtkampf

desolaten politischen Lebenserfahrungen des Michael Nostradamus.

Und diese Erfahrungen durchwuchern offenbar das Dickicht seiner Prophezeiungen, bilden thematische Leitmotive in den 942 *quatrains*. Dort wogt eine imaginierte Welt in stetem Angreifen und Zurückweichen, Wiederherstellen und Wiederverlieren, in neuen Bündnissen und Aufkündigungen alter Verträge. Man gewinnt den Eindruck, daß Nostradamus, der offenbar ein ganz unpolitischer Mensch war, an der politischen Welt, in der er lebte, litt – und wundert sich angesichts dessen, was seinerzeit in stets bedrohlichem Wandel vorging, durchaus nicht darüber.

Auch an der religiösen Situation der Zeit litt der Seher aus Salon. Der Briefwechsel mit dem Lutheraner Lorenz Tubbe (Laurentius Tubbius Pomeranus) zwischen 1559 und 1562 mag Nostradami latente Sympathie für den Protestantismus belegen (s. S. 45). Vor allem aber traf ihn der religiöse Tonus der Zeit, der ihm 1537 oder 1538 eine Ladung vor die Schranken der Inquisition eintrug (s. S. 43). 1521 hatte die Sorbonne die Lehren Luthers verurteilt und die Verbreitung seiner Schriften unter Verbot gestellt, 1523 war in Paris der erste bekennende Lutheraner auf dem Scheiterhaufen gestorben, ab 1534 sorgte die sogenannte »Plakataffäre« für verschärfte Maßnahmen gegen die Protestanten, 1547 stimmte Heinrich II. der Einrichtung der *Chambre ardente* zu, einem Spezialgericht für Ketzerprozesse, und 1557 ging das Edikt von Compiègne soweit, allen französischen Protestanten die Todesstrafe anzudrohen.

Die religiöse Zerrüttung, unter deren Eindruck Nostradamus lebte, spiegelt sich als zweites Thema in seinen vierzeiligen Prophezeiungen mitsamt ihren Vorreden wider: in den Beteuerungen, rechten Glaubens zu sein, ebenso wie in der unentwegten Thematisierung religiöser Wandlungen und Verfolgungen.

Nostradami **Zeitverhaftetheit** bedeutet zugleich, daß er geschichtliche Veränderungen, die sich später real vollzogen haben, nirgendwo thematisiert. Die bürgerliche Demokratie, der Kampf um die Menschenrechte, die Gleichberechtigung der Frau etc. liegen ihm ebenso fern wie wissenschaftlicher und technischer Fortschritt in Gestalt von Industrialisierung und Kommunikationstechnik, aber auch alles das, was die moderne Zivilisation nach dem Zerbrechen der religiösen Grundgewißheiten im Innern beherrscht, etwa die Tendenzen zur Psychologisierung oder zur hedonistischen Individualisierung.

Nostradami drittes großes Thema haben wir, mit ihm durchs Leben gehend, bereits hinlänglich kennengelernt: Es sind die »natürlichen« Unheile, welche in Form von Krankheit, Hunger und Katastrophen die Menschen heimsuchen und dies seinerzeit in besonders gebieterischer Gestalt taten.

Aus diesen drei Lebenserfahrungen und -versehrungen, dem Schrecken der Politik, dem Schrecken des Religionskriegs, dem Schrecken menschlicher Bedrohtheit durch Naturkatastrophen, sind alle Prophezeiungen des raunenden Pestarztes entstanden, und es gehört nicht viel Scharfsinn zu der Mutmaßung, daß diese Gefährdungen, latent oder explizit über die folgenden Jahrhunderte stets gegeben, Nostradamus und seiner katastrophischen Nachrichtenmixtur eine nie abreißende Anhängerschaft beschert haben (s. auch S. 152f.). Nostradamus, das ist die zirzensische Achterbahn, auf der man Angst und Selbstberuhigung zugleich erfährt. Gegen die Angst, geboren aus bedrängenden Zeitläufen, schafft die angebliche Vorhersehbarkeit des Unglücks eine gewisse Selbstberuhigung. Und wie, wenn es sogar möglich sein sollte, durch die Enträtselung der nostradamischen Orakelsprüche profunde Lebenssicherheit zu gewinnen?

Datierte Vorhersagen

Unter den 942 Vierzeilern der zehn ›Zenturien‹ sind einige wenige, die konkrete Jahreszahlen beinhalten. Hier legt sich Nostradamus bei seinen prophetischen Vorhersagen zeitlich fest. Warum er dies ausnahmsweise tat, ist angesichts seiner sonstigen Tendenz zur Verschleierung unklar. Man kann aber so interpretieren, daß er sich durch eingestreute Zeitkonkreta dem Vorwurf der Beliebigkeit zu entziehen suchte, dem er ansonsten gegensteuerte, indem er fast jede seiner propheti-

61 Astrologische Schreckensnachrichten schlugen im 16. Jh. die Öffentlichkeit in Bann. Hier der kolorierte Holzschnitt zu einer deutschsprachigen Prognostikation auf das Jahr 1574, die eine große Überflutung vorhersagt

Voraussagen in den Briefen

Die datierten Vorhersagen sind naturgemäß besonders wichtig, wenn über die Wahrhaftigkeit oder den Erfolg der nostradamischen Prophezeiungen zu befinden ist. Auch eine Prophetie im César-Brief (erste Vorrede) ist datiert, und der Heinrich-Brief enthält gleich zwei datierte Weissagungen.

Nach 177 Jahren, drei Monaten und elf Tagen »von diesem Augenblick an, wo ich schreibe« wird die Menschheit »durch Pestilenz, lange Hungersnot und Kriege und mehr noch durch die Überschwemmungen« so dezimiert sein, daß niemand mehr die Felder bestellt. So heißt es in der ersten, an César gerichteten Vorrede. Nimmt man die Datierung des Briefes (1. März 1555) zur Grundlage und berücksichtigt die zehn Tage der Kalenderverschiebung (s. S. 11), so wäre am 22. Juni 1732 jener ominöse Zeitpunkt erreicht gewesen.

In Wirklichkeit war dieser Tag, war dieses Jahr, ja überhaupt das ganze Jahrzehnt für Europa das schlechteste nicht: Die Pest klang ab, die Hungersnöte waren nicht drückender als sonst auch, ausnahmsweise wurde auch kein größerer Krieg geführt – der spanische Erbfolgekrieg war 1714 zu Ende gegangen –, und natürlich bestellten die Bauern fleißig die Felder.

Ebenso deutlich Nostradami prophetischer Fehlschlag in der zweiten Vorrede, dem Brief an König Heinrich II. Nach vielen höflingshaften Schmeicheleien (s. S. 72f.), die eitlen Urväter-Spekulationen nicht zu vergessen (s. S. 76f.), gerät Nostradamus dort in prophetische Wallung und sagt unter anderem eine Religionsverfolgung voraus: »Die christliche Kirche wird stärker verfolgt werden, als sie es selbst in Afrika wurde, und dies wird während bis ins Jahr 1792 (...).«

Mit dem Hinweis auf Afrika mag die Christenverfolgung in der Zeit der Vandalen-Herrschaft (439–534) gemeint sein. Von Kämpfen gegen die christliche Kirche in Europa in den Jahren vor 1792 oder sonstwann ist dagegen nichts bekannt, bestenfalls könnte man davon sprechen, daß sich 1792, als die französische Monarchie endete und die Republik proklamiert wurde, eine aggressive Stimmung auch gegen die Kirche anbahnte, freilich nur in Frankreich. Aber das ist ja annähernd das Gegenteil von dem, was Nostradamus sagt.

Noch ein weiteres Datum ist im Heinrich-Brief versteckt. Nach Nostradami Urväter-Listen befand man sich seinerzeit etwa im Jahre 4758 nach der Erschaffung der Welt bzw. Adams (s. S. 77). Doch beinhaltet die Epistel noch eine zweite Zeitrechnung, nach der Adam um 4174 v. Chr. aus Lehm geformt wurde. Wenn der Prophet somit über den Beginn des 7. Jahrtausends spricht, wie das gleich zweimal in der Epistel geschieht, müßte entweder annähernd das Jahr 1242 oder 1826 gemeint sein. Für eben diese Zeit prophezeit Nostradamus ein kurzes Goldenes Zeitalter, die Kirche Christi werde von aller Drangsal befreit sein, vor allem auch in Sicherheit vor den Ungläubigen, die aus Aquilon (dem Norden; s. S. 97) kommen.

Auch hartnäckigstes Blättern in den Geschichtsbüchern erbringt nichts, was diesen Weissagungen auch nur annähernd entspricht, weder für das eine noch für das andere Datum.

schen Strophen mit irgendeiner Ortsangabe oder eingestreuten Monatsnamen versah.

Die erste ›Zenturie‹ enthält einen einzigen datierten *quatrain* (I, 49), der aber so dunkel ist, daß er nicht viel hergibt. Der Originaltext läßt sich wortwörtlich etwa so übersetzen:

»Sehr viel vor solchen Umtrieben

Diejenigen des Ostens durch die Wirksamkeit des Mondes

Das Jahr 1700 wird Große (oder viele) wegführen

Fast wird die Aquilonische Ecke unterjocht.«

Aquilon, eigentlich ein poetischer Begriff für den Nordwind, wird von Nostradamus, wie uns sein Schüler Jean-Aimé Chavigny berichtet, als Synonym für das nordöstliche Europa (Skandinavien, Deutschland, Polen, Baltikum, Nord- und Mittelrußland) benutzt.

Nostradamus suggeriert in jedem Fall also eine drohende Eroberung des Nordens, von der aber nichts bekannt ist, während z. B. das Türkische Reich, die führende orientalische Macht, 1699 im Frieden von Karlowitz den Großteil der Territorialgewinne nördlich des Balkan verlor und 1700 auch die Stadt Asow am unteren Don an das zaristische Rußland fiel.

Die nächste datierte Vorhersage, III, 77, ist konkreter gehalten und ein noch spektakulärerer Fehlschlag. Der französische Text wird von Rösch so übertragen:

»Drittes Klima, unterm Widder, Oktober

Siebzehnhundert zwanzig sieben Jahr

Von Ägyptens Persiens Kön'g erobert

Kampf und Tod, dem Kreuze große Schmach.«

Allgeier übersetzt, etwas relativierend:

»Die dritte Klimazone unter dem Zeichen Widder

Wird es im Jahr 1727 im Oktober verstehen:

Der König von Persien ist in der Hand der Ägypter.

Krieg, Tod, Verlust. Große Schande für das Kreuz.«

Beaucoup, beaucoup avant telles menées Ceux d'Orient par la vertu lunaire: L'an mil sept cent feront grands emmenées, Subjugant presque le coin Aquilonaire. *I, 49*	Le tiers climat sous Aries compris L'an mil sept xent cingt et sept en Octobre, Le Roi de Perse par ceux d'Egypte pris: Conflit, mort, perte: à la croix grand oppobre. *III, 77*

Haltlose Triumphe
Stephen Skinner, ein moderner Nostradamiker, macht aus dem klaren
Fehlschlag (III, 77) einen Triumph für Nostradamus, wenn er 1994 schreibt:
»Dieser Vierzeiler ist erstaunlich korrekt: Er nennt nicht nur das Jahr,
sondern auch den Monat und den Ort des Geschehens. Im Oktober des
Jahres 1727 wurde zwischen den Türken (hier durch die Ägypter symbo-
lisiert) und den Persern Frieden geschlossen.« Skinners Unverfrorenheit
ist typisch für die Zunft, die er repräsentiert: Abgesehen davon, daß der
Ort des Geschehens *nicht* genannt wird, ist im *quatrain* ja nicht von einem
Friedensschluß, sondern von einer Gefangennahme des ägyptischen Königs die Rede. Im übrigen hat es im Oktober 1727 aber nicht einmal – somit eine doppelt dreiste Unterstellung Skinners – einen Friedensschluß
zwischen Türken und Persern gegeben. Ein anderer Nostradamiker, der
Deutsche Kurt Allgeier, hat die Stirn, dies zu behaupten: »Im Oktober
1727 besiegte das Osmanische Reich, zu dem Ägypten damals gehörte,
den letzten Safawiden Hosain.« Erstens war Hosain nicht der letzte Safa-
wide, zweitens war 1727 Tahmasp II. an der Macht, drittens – um es der
Klarheit willen nochmals zu wiederholen – gab es 1727 weder einen per-
sisch-ägyptischen noch einen persisch-türkischen Krieg, keine Gefangennahme irgendeiner Hoheit, keinen Friedensschluß.

Hier haben wir also eine klare Vorhersage. Indessen: Es gab
1727 keinen Krieg zwischen Persien und Ägypten, und der
Schah wurde niemals gefangengenommen. Auch ist dem Christentum in diesem Jahr keine größere Unbill widerfahren.

In der sechsten ›Zenturie‹ finden wir gleich als zweiten Vierzeiler (also VI, 2) eine datierte Vorhersage. Die Frage ist, ob man
die beiden Zeitangaben wörtlich nehmen soll, also als 580 und
703 oder – wie es die meisten Interpreten sehen – als 1580 und

1703. Es werde, so sagt uns
der Text, sei es 580 oder 1580,
»mehr oder minder«, ein sehr
seltsames Jahrhundert beginnen, und im Jahre 703 oder
1703 würden »mehrere König-

62 Safawiden-Fürst in einem Pavil-
lon. Illumination einer Handschrift
des 16. Jh.

reiche eins zu fünf einen Wandel durchmachen«. Mit der ersten
Aussage ist natürlich kaum etwas anzufangen, denn welches
Jahrhundert der Menschheitsgeschichte wäre denn nicht selt-
sam (*étrange*) verlaufen?

Jedenfalls läßt sich für die Zeit zwischen 580 und 680 welt-
historisch nichts sonderlich Auffälliges konstatieren, aber auch
nicht für die Zeit zwischen 1580 und 1680. Natürlich gab es in jenem Jahrhundert bemerkenswerte Ereignisse genug, etwa die
Eroberung Portugals durch Spanien oder als zivilisatorischen
Tiefpunkt den Dreißigjährigen Krieg. Das zweite Datum verdient mit seinem rätselhaften »eins zu fünf« oder »eins nach
fünf« vielleicht etwas mehr Aufmerksamkeit. 703 allerdings geschah weltgeschichtlich nichts Aufregendes, obwohl nicht daran zu zweifeln ist, daß irgendwo auf dem Globus irgendwelche
Reiche sich wandelten. Im Jahre 1703 gründete Zar Peter I. das
nach ihm benannte Petersburg, wurde Frankreich gepeinigt von
einem weiteren Hugenottenkrieg, starb Wilhelm III. von Ora-
nien und tat sich gewiß so manches andere in Europa, eine Besonderheit im Sinne der nostradamischen Prophezeiung läßt
sich indessen nicht erkennen.

Die nächste Datierung findet sich im 54. Vierzeiler der sechsten
›Zenturie‹ und bezieht sich auf das Jahr 1607 der »Liturgie«. Rösch
übersetzt das einfach als »Kirchenjahr«. Es ist unklar, aber wahrscheinlich, daß »de Liturgie« um des Reimes willen hinzuge-
setzt wurde; andernfalls könnte man mit Boswell (1941) an die
Einführung der zu Nostradami Zeit üblichen Form der Liturgie
durch Bischof Auxentius von Mailand um das Jahr 370 denken.
Dies würde uns ungefähr ins Jahr 1976 bringen, aber auch dann
die prophetische Aussage nicht bestätigen. Sie lautet ja in den
entscheidenden mittleren Zeilen: »Diejenigen von Tunis, von
Fez und von Bougie, durch die Araber der König von Marokko
gefangen.« Nun, zwischen 1548 und 1667 beherrschte das arabi-

»En l'an cinq cent octante plus et moins,	»Au point du jour au second chant du coq,
On attendra le siècle bien étrange:	Ceux de Tunes, de Fez, et de Bugie,
En l'an sept cent et trois crieux en témoins,	Par les Arabes captif le Roi Maroq,
Que plusieurs regnes un à cinq feront change.« *VI, 2*	l'an mil six cent et sept, de Liturgie«. *VI, 54*

sche Haus der Saadier ungebrochen Marokko, keiner seiner
Könige wurde gefangengenommen. 1971 und 1972 gab es zwar
Attentate auf König Hassan II., doch niemals eine Gefangennahme. Der König starb erst im Juli 1999, und übrigens spielten
bei jenen Attentaten auf ihn weder Tunis noch Fes noch Bougie
in Algerien eine Rolle.

Das Jahr 1607 erscheint noch ein zweites Mal, diesmal in eindeu-
tiger Datierung. In der achten ›Zenturie‹ (VIII, 71) spricht Nostradamus offenbar von seinen heimlichen Ängsten vor dem
Zugriff der Kirche, aber auch von der ›Konkurrenzsituation‹
auf dem astrologischen Markt, wenn er formuliert:

»Die Zahl der Astronomen [Astrologen] wird sehr groß werden

Vertrieben, verboten und ihre Bücher zensiert

Das Jahr 1607 mit heiligen Versammlungen

Niemand wird mehr sicher sein vor den Heiligen.«

So etwa könnte man es textnah übersetzen. Nostradamus hatte
dieses ihm naheliegende Thema (ohne Datierung) schon einmal
aufgegriffen, nämlich in IV, 18, wo er darüber klagt, daß unwis-
sende Fürsten (*princes ignorants*) die in der Himmelslesung Be-
schlagenen verfolgen, so als wären sie Schurken.

Nostradamus ist grundsätzlich darin recht zu geben, daß im
Frankreich seiner Zeit großes Interesse an der und eine latente
Stimmung gegen die Astrologie miteinander rangen. Die Königsfamilie ist ein gutes Beispiel für dieses Mit- und Gegeneinander. Während Heinrich II. der Astrologie eher abhold war und
den Seher aus Salon bei dessen Besuch am Hof zu Paris (August
1556) geradezu ungnädig abfertigte, mochte die Königin Katharina de Medici gar kein Ende finden mit ihren Befragungen des
angereisten Weisen (s. S. 119ff.).

Konkret ist Nostradami Prophezeiung freilich ein glatter Fehlschlag: Das Jahr 1607 machte sich weder in Frankreich noch in

Croîtra le nombre si grand des
    astronomes
Chassés, bannis et livres
    censurés:
L'an mil six cent et sept par
    sacrées glomes,
Que nul aux sacres ne seront
    assurés.   *VIII, 71*

Europa besonders bemerkbar in Gestalt von verschärften Astrologenverfolgungen. Irgendeiner der vielen Nostradamiker des 19. Jh. hat übrigens, um dem *quatrain* Geltung zu verschaffen, die Falschmeldung in die Welt gesetzt, es habe 1607 in Malines ein Inquisitionstribunal gegen die Astrologen stattgefunden – und dies eben habe Nostradamus vorausgesehen.

Für 1609 sagt Nostradamus in X, 91 dies voraus:

»Römischer Klerus, das Jahr 1609,

Zum Jahresbeginn findet eine Wahl statt:

Eines Grauen und Schwarzen, der aus der Campania kommt,

Niemals je war einer so bösartig.«

Man wird hier spontan, auch und gerade wenn man wie Eduard Rösch Compagne nicht als Campania, sondern als Geistlichkeit übersetzt, an eine bedeutsame katholische Wahl, z. B. ein Papstkonklave, denken, urteilte damit aber falsch, denn wir befinden uns zu Beginn des Jahres 1609 inmitten der Amtszeit des Papstes Paul V. (1605–1621). Von einer bedeutenden Kirchenwahl ist nichts bekannt. Natürlich hat der Hinweis auf die außerordentliche Bösartigkeit des Erwählten die Nostradamiker zu Spekulationen angeregt, und selbstverständlich wurde auch Adolf Hitler vorgeschlagen (von Roberts, 1947). Freilich war bisher nicht bekannt, daß Hitler vom römischen Klerus zum Reichskanzler gewählt wurde, und dies bereits 1609 …

Nostradami Vierzeiler X, 72 berührt uns aktuell. Während ich diese Zeilen schreibe, ist es noch nicht ganz so weit, wenn Sie diese Zeilen lesen, können Sie bereits retrospektiv urteilen. Der Vierzeiler bezieht sich auf den siebten Monat des Jahres 1999, also den Juli, doch könnten aufgrund der Kalenderverschiebung (s. S. 11) auch die ersten August-Tage gemeint sein. Und er ist sehr eindeutig in seiner ersten und zweiten und recht dezidiert in seiner dritten Zeile: »Im siebten Monat des Jahres 1999«, so lesen

Clergé Romain l'an mil six cents et neuf,

Au chef de l'an feras élection:

d'un gris et noir de la Compagne issu,

Qui onc ne fut si malin.

X, 91

wir, werde »ein großer König des Schreckens vom Himmel kommen, um den großen König *d'Angolmois* ins Leben zurückzurufen«, der – so die belanglose vierte Zeile – »vor und nach Mars mit Glück regieren wird«. Bei dem kursiv gesetzten Begriff kann man an das Gebiet Angoumois im westlich-zentralen Frankreich denken oder auch an das dorther stammende Haus Angoulème (mitsamt der gleichnamigen Stadt), das in der Tat einige Valois-Könige hervorbrachte. Viele Interpreten sehen in Angolmois freilich ein Anagramm für Mongolois und vermuten, daß der vom Himmel kommende König des Schreckens den »König« der Mongolen Dschingis Khan wiedererwecken werde.

Wenn contra Nostradamus eine Prophezeiung des Autors erlaubt ist, so lautet sie, daß auch der Juli/August 1999, jedenfalls was Schreckens-, Mongolenkönige und wiedererweckte Valois angeht, friedlich verlaufen wird und der Seher aus Salon einmal mehr fehlorakelt hat.

Die »großen Erfolge«

Auch wenn sich sämtliche datierten Vorhersagen des Sehers aus Salon nachweislich als Fehlschläge erwiesen haben, berührt das Nostradami Ruf offenbar nicht im mindesten. Denn dieser Ruf scheint durch mehrere aufsehenerregende prophetische Erfolge auf immer gesichert: Hat Nostradamus denn nicht in ›Zenturie‹ I, Strophe 35 das Ende »des alten Löwen« Heinrich II. vorhergesagt, jenes Potentaten, den er persönlich in Paris kennenlernte? Hat er nicht die Hinrichtung Karls I. 1649 und die Gefangennahme Ludwigs XVI. vorhergesehen (VIII, 37; IX, 49; IX, 34)? Und waren ihm nicht sogar der Brand von Moskau 1812 (II, 91) und der Mord von Sarajewo (II, 57), der den Ersten Weltkrieg auslöste, visionär gewärtig? Kein Klappentext irgendeines nostradamischen Buches versäumt, auf solche Prophetien hinzuweisen, doch sind alle diese »Erfolge« reine Fiktion.

L'an mil neuf cent nonante neuf
   sept mois
Du ciel viendra un grand Roi
   d'effrayeur:
Ressusciter le grand Roi
   d'Angolmois,
Avant après Mars regner par
   bonheur.   X, 72

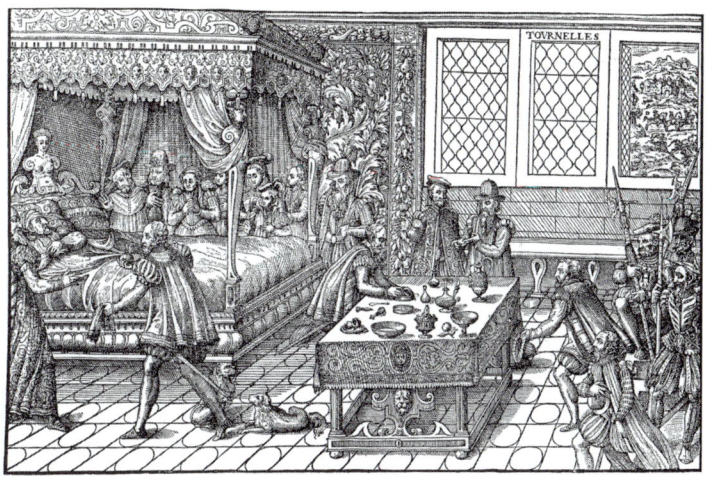

63   Heinrich II. auf dem Sterbebett. Kupferstich von 1570

Beginnend mit dem berühmtesten (und Nostradami Ruhm begründenden) Vierzeiler, in dem der Prophet angeblich den Tod »seines« Königs Heinrich II. weissagte. Ein gutes Dutzend nostradamischer Interpreten hat sich dazu mehr oder minder enthusiastisch geäußert. Wörtlich übersetzt, erschließt sich folgendes:

»Der junge Löwe wird den alten überwinden

Auf dem Schlachtfeld im Einzelkampf:

In einem goldnen Käfig wird er seine Augen ausstechen:

Zwei Wunden [Flotten] eine, dann einen grausamen Tod sterben«.

Die übliche nostradamische Interpretation ist diese: Gemeint sei der Tod des damals vierzigjährigen Königs Heinrich II., der am 1. Juli 1559 vom Grafen Montgomery, dem Hauptmann der Schottischen Garde, bei einem Turnierunfall schwer verletzt wurde und am 10. Juli an seiner Verletzung starb. Die übliche Begründung: Der König wie der Graf führten einen Löwen im Wappen.

Le lion jeune le vieux sur-
        montara
En champ bellique par singulier
        duel:
Dans cage d'or les yeux lui
        crèvera:
Deux classes une, puis mourir,
        mort cruelle.   I, 35

Die historischen Wahrheiten sind allerdings diese: Weder Montgomery noch Heinrich II. hatten bei jenem Kräftemessen mit stumpfen Turnierlanzen einen Löwen als Emblem, zumal nicht der Löwe, sondern der Hahn das heraldische Tiersymbol der Valois-Könige war; Montgomery, dessen genaue Lebensdaten unbekannt sind, dürfte – apropos: der alte und der junge Löwe – nur fünf oder sechs Jahre jünger gewesen sein als Heinrich II.; man ritt nicht auf einem Schlachtfeld gegeneinander, sondern in einem Turnier, das in der Rue Saint-Antoine von Paris stattfand; Heinrich II. trug weder einen vergoldeten noch einen goldenen Helm, und es wurden ihm auch nicht die Augen oder auch nur ein Auge ausgestochen, vielmehr verletzte Montgomery den König über dem Auge, das selbst unverletzt blieb. Die letzte Zeile des *quatrains* ist zweideutig, spricht aber in beiden möglichen Deutungen gegen Nostradami Hellsicht. Sollte gemeint sein, daß Heinrich II. zwei Wunden empfing, so ist dies falsch, denn er starb an dem einen Lanzensplitter, der über dem Auge ins Gehirn drang, und wenn ausgedrückt werden sollte, daß 1559 zwei Flotten einen verlustreichen Zusammenstoß hatten, so ist dies gleichfalls nicht belegbar.

Gerade weil wir uns bei dieser Art zu argumentieren implizit auf die Zuordnungssucht der nostradamischen Interpretation eingelassen haben, muß sogleich auf das Problem der fehlenden Jahreszahlen hingewiesen werden. Der ruhmbegründende Vierzeiler zu den »kämpfenden Löwen« ist nicht datiert und auch nicht lokalisiert. Wie kommt man überhaupt dazu, ihn mit einem bestimmten Ereignis zu verbinden? Offenbar, weil von vornherein der Glaube an die Richtigkeit der Vorhersagen gegeben ist und nur noch in Frage steht, wo man »die Wahrheit« historisch zu plazieren hat. Dabei setzt man sich über faktische Ungereimtheiten großzügig hinweg. Will-Erich Peuckert urteilte mit Bezug auf den »Löwenkampf«: »Man kann auch die am

La forteresse auprès de la Tamise
Cherra par lors de Roi dedans
   serré:
Auprès du pont sera vu en
   chemise
Un devant mort, puis dans le
   fort barré.   *VIII, 37*

Gand et Bruceles marcheront
   contre Anuers,
Sénat de Londres mettront à
   mort leur Roi:
Le sel et vin lui seront à l'envers,
Pour eux avoir le regne en
   désarroi.
    IX, 49

meisten gutgeheißenen Deutungen nur durch Zurechtbiegen passend machen«, und F. Buget schrieb in seiner ›Etude sur Nostradamus et ses commentateurs‹ (1860–1863): »Soweit ich erkennen kann, gibt es in diesem Vierzeiler nicht ein einziges Wort, das auf das unglückliche Ende des Fürsten zu beziehen wäre.« Daß Nostradamus selbst nicht an einen frühen Tod des Königs glaubte, ergibt sich allein aus der langen Epistel an Heinrich II., die gerade erst im Jahr zuvor geschrieben worden war.

Die Hinrichtung Karls I. 1649 soll angeblich gleich in zwei *quatrains* (VIII, 37 und IX, 49) vorhergesagt worden sein. Die wörtliche Übersetzung des ersten Vierzeilers

»Die Festung nahe der Themse

Wird fallen, wenn der König darin eingeschlossen ist

Nahe der Brücke in seinem Hemd gesehen wird

Einer angesichts des Todes, dann gesperrt in die Feste«

wirft zahlreiche Fragen auf. Die Nostradamiker gehen davon aus, daß hier König Karl I. gemeint sei, der seit 1647 in Windsor Castle gefangengehalten wurde, und mit der Brücke die Westminster Bridge. Indessen: Weder ist Windsor Castle in der Zeit, als Karl dort einsaß, gefallen, noch gab es seinerzeit die Westminster Bridge, die erst 1749 fertiggestellt wurde. Die London Bridge lag dagegen fast 4 km von der Hinrichtungsstätte entfernt. Die letzte Zeile ist zwar dunkel, aber insofern klar, daß hier niemand hingerichtet wird, sondern in Lebensgefahr ist und dann (*puis*) eingekerkert wird.

Noch berühmter ist IX, 49 mit der zweiten Zeile »Der Senat von London wird seinen König in den Tod schicken«. In der Regel wird sie mit dem Todesurteil des englischen Parlaments und der Enthauptung König Karls I. (1600–1649) in London in Verbindung gebracht, doch deutet die erste Zeile (»Gent und Brüssel werden gegen Antwerpen ziehen«) eine kriegerische Auseinandersetzung an, die zeitlich nicht mit der Hinrichtung des englischen Königs

64 Die Enthauptung Karls I. im Januar 1649. Radierung von Jan Luyken, entstanden vor 1718, nachträglich koloriert

korrespondiert, so wie die Begründung für den Tod des Potentaten (»Salz und Wein werden gegen ihn sein«) nicht in die historische Situation paßt. Everett F. Bleiler nimmt deshalb an, daß
Heinrich VI. (1421–1471) gemeint sei, der im 15. Jh. im Tower einsaß, denn »ungefähr um diese Zeit« wurden die Engländer aus
Guyenne vertrieben, der Region, aus der Wein und Salz impor-
tiert wurden«. Allerdings: Heinrich VI. wurde niemals von einem
Senat oder einem Parlament in den Tod geschickt.

Es bleibt das Mysterium der zweiten Zeile, die eindeutig auf
Karl I. zu ›passen‹ scheint. Aber die ›Zenturien‹ sind insgesamt
so zweideutig und kryptisch, daß man sich nicht wundern muß,
daß unter mehr als 3700 prophetischen Zeilen die eine oder
andere an ein tatsächliches historisches Ereignis zu erinnern
scheint.

Als ein weiterer »Erfolg« des Meisters gilt den Nostradamikern die dunkle Strophe IX, 34, die man nach dem Wortlaut
etwa so übertragen könnte:

> »Der solitäre Teil wird mit der Mitra gekrönt werden,
>
> Rückkehr Konflikt über den Ziegel passieren
>
> Denn fünfhundertein Verräter werden mit Titeln geehrt
>
> Narbonne und Saulce wir haben Öl für die Messer.«

Wir wollen noch einmal drei ›sinnstiftende‹ nostradamische
Übersetzungen damit vergleichen, um exemplarisch die Proble-
matik solcher Textlesungen vor Augen zu führen. Der Deutsche
Manfred Dimde, der sich im Klappentext eines seiner Bücher
als »der bedeutendste Nostradamus-Forscher unserer Zeit« fei-
ern läßt, übersetzt 1994:

> »Das Gepanzerte unter dem Meer wird hingestellt werden.
>
> Kehrt der Streit zurück, nichts wird sein auf den Ziegeln.
>
> Durch die fünf Wissenschaften ein Verrat wird durchsickern.
>
> Es sind nicht die Araber, die das Geschwür haben, das durch ihren Anteil
> am Grundbesitz des Öls entsteht.«

Le part soluz mary sera mitré,
Retour conflit passera sur la
  tuile:
Par cinq cents un trahir sera titré
Narbonne et Saulce par couteaux
  avons d'huile.

IX, 34

Das ist kühn! Ernst R. Ernst bevorzugte 1986 diese Lesart:

»In die Richtung trägt die Mitra die Verwirrung.

Erneuert der Streit, der bis auf den Dachfirst gelangt:

Soll Einzigartiger durch Lumpen mißbraucht werden, adelt ihn das.

Narbonne, Salses, Hafer vom Mächtigen durch Pikenträger.«

Das ist kaum minder kühn!

Der Münchner Kurt Allgeier überträgt wiederum:

»Dem einsamen Ehegatten wird die Mitra (Schandmütze) aufgesetzt.

Als er zurückgebracht ist, greift der Konflikt auf die Tuilerien über.

Von 500 wird ein Verrat begangen.

Die Grafen von Narbonne und Saulce versuchen zu beschwichtigen.«

Eduard Rösch hatte Mitte des 19. Jh. übersetzt:

»Eh' gelöst die Bischofsmütz' dem Mann,

Rückweg fallen sie bei Tuille ihn an,

Von fünfhundert einer ihn verraten,

Narbon, Saulce das Öl von Grafen haben.«

Die Deutung, es handle sich hier um eine Weissagung über das Ende Ludwigs XVI. geht auf Le Pelletiers Kommentar aus der Mitte des 19. Jh. zurück und wird seither fleißig wiederholt, dadurch aber nicht wahrscheinlicher: Die erste Zeile spiele darauf an, so Le Pelletier, daß man Ludwig XVI. am 20. Juni 1792 zum Spott und zur Erniedrigung die rote Jakobinermütze aufsetzte. Nun ist eine Mitra, die im Text genannt wird, wahrlich etwas anderes als die Kappe der französischen Revolutionäre. Um zu vermitteln und seine euphorische Deutung, dies sei »vielleicht der treffendste Ludwig-XVI.-Vers« zu bestätigen, setzt Allgeier denn auch ohne jede inhaltliche Begründung hinter das Wort Mitra in Klammern das Wort Schandmütze. So kann man es natürlich

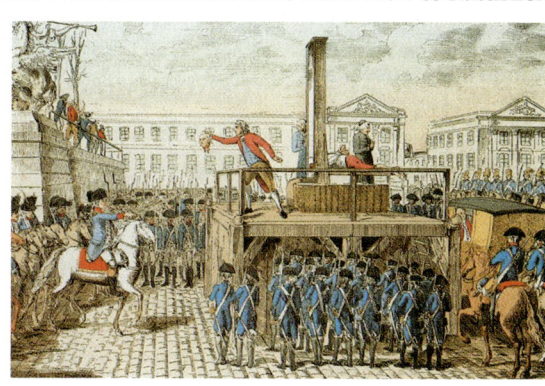

65 Ludwig XVI. starb am 21. Januar 1793 in Paris unter der Guillotine. Bereits am 21. September 1792 hatte der Nationalkonvent ihn für abgesetzt erklärt und zum Tode verurteilt.

auch machen. Warum nicht einfach dort, wo Nostradamus Baum schreibt, Grashalm oder Schiffskran in Klammern hinzusetzen, um irgendeine insgeheim favorisierte Deutung zu beglaubigen? Leider verläßt einen die Ironie alsbald, weil sie längst von den nostradamischen Realitäten überholt ist. Mit *tuile* (franz.: Ziegel) sind »natürlich« für den, der die Übersetzung vom gewünschten Resultat her aufzäumt, die Tuilerien gemeint. Bekanntlich wurde der Palast im August von Revolutionären gestürmt, die das Königspaar gefangennahmen. Mit Narbonne sei nicht die bekannte südfranzösische Stadt gemeint, sondern der Graf von Narbonne. Nur war Narbonne, der damalige Kriegsminister, niemals ein Verräter am König, wie Röschs Übersetzung es sieht. Allgeier weiß dies und verändert die Übersetzung so, daß sie Narbonnes realgeschichtlicher Rolle gerecht wird, setzt sich dabei aber ungeniert über Nostradami französischen Wortlaut hinweg.

Weiter: Der zweite Verräter aus dem Volk habe Saulce oder Sauce geheißen. In Wirklichkeit hieß er jedoch Drouot. Geschichtsfälschung also auf der ganzen Linie, um eine gedankliche Zwangskonstruktion zu errichten. Anlaß mag für Le Pelletier, auf den dies Konstrukt, wie gesagt, zurückgeht, gewesen sein, daß im Text des Vierzeilers die Zahl 500 fällt und es 500 Revolutionäre waren, die das Königspaar in Haft nahmen.

66 Der Brand von London im September 1666. Radierung von Jan Luyken

Zahlenspekulationen

Zufallszahlen waren auch in anderen Vierzeilern Anlaß zu abwegigen Spekulationen der Nostradamiker. Aus der 66, die in Strophe II, 51 vorkommt, wird flugs 1666 gemacht und ein Hinweis auf den Brand von London gesehen, obwohl ansonsten nichts in jenem Vierzeiler in diese Richtung deutet.

Darin, daß in II, 57 »der Große« getötet wird und sich katastrophale Entwicklungen anschließen, hat man auf den Mord von Sarajewo und den Beginn des Ersten Weltkrieges geschlossen, neuerdings aber auch, da in der ersten Zeile von einer »großen Mauer« die Rede ist, die fallen werde, auf das Jahr 1989 und die Staatsgrenze BRD/DDR. Noch immer ist es den Nostradamikern gelungen, aus kryptischen Belanglosigkeiten gewichtige historische Schlüsse zu ziehen, häufig freilich in erbitterter Konkurrenz zueinander. So hat man in III, 67 und III, 76 Beschreibungen der lutheranischen Reformation (J.-A. Chavigny, E. Bareste), Vorhersagen sozialistischer Bestrebungen des 19. Jh. (K. Kiesewetter), kirchlicher Spaltung und katholischer Restauration (C. Loog), aber auch der Zeitwirren nach dem Ersten Weltkrieg (W. Faber) sehen wollen.

Nostradami Methode

Es ist hoffentlich deutlich geworden, daß selbst die sogenannten »Erfolge« des Sehers aus Salon den Namen nicht verdienen. Im übrigen beschäftigen wir uns schon seit längerem nicht mehr mit Nostradamus selbst, sondern mit den Interpretationen seiner Anhänger, die ihren Meister freilich nicht mehr als Kind seiner Zeit wahrnehmen, sondern ihn zu einer Marionette herabwürdigen, die nach dem Gusto des jeweiligen Interpreten zu tanzen hat. Wir verkennen dabei nicht, daß Nostradamus diese Entwicklung selbst heraufbeschworen hat.

Interessanter erscheint, über die »kompositorische« Methode zu sprechen, die Nostradamus einsetzte, um seine 942 Vierzeiler zu formulieren. Dies jedoch nicht ohne Rückerinnerung an die den Propheten beherrschenden zeitgenössischen Themen einerseits (s. S. 93ff.) und die mutmaßlichen prophetischen Praktiken andererseits (s. S. 81ff.).

Die Mißerfolge

Da wir über Nostradami angebliche prophetische »Erfolge« gesprochen haben, müßte sich nun eigentlich ein Kapitel über seine vielen Mißerfolge anschließen: über all die *quatrains*, in denen der Seher konkrete Ortsnamen nennt und mit Geschehnissen verbindet, die dort nie stattfanden und nach bestimmten Details, die er nennt, auch zukünftig nicht mehr stattfinden können. Man denke an seinen Mythos eines neuen »Charlemagne« (Karl der Große) – vorgetragen in mehreren Vierzeilern –, der sich kaum noch erfüllen wird.

Die Geographie der Prophezeiungen

Nostradami Prophezeiungen sind ausgesprochen heimat- und gegenwartsgebunden. Immer wieder gibt es Wahrsprüche, die das engere südfranzösische Umfeld des Sehers betreffen. Das zeitgeschichtlich ja ganz unbedeutende Saint-Paul-de-Mausole bei Saint-Rémy (s. S. 10) erscheint gleich in sechs *quatrains*, und auch der Wohnort Salon wird ein- oder zweimal genannt, des weiteren all die Orte, die Nostradamus auf seinen Wanderungen als Pestarzt kennenlernte, z. B. Agen (fünfmal), Aix (zweimal), Avignon (sechsmal), Bordeaux (sechsmal), Carcassonne (siebenoder achtmal) Marseille (dreizehnmal), La Rochelle (vier- oder fünfmal) und Toulouse (zwölfmal). Paris, die Metropole, die Nostradamus erst spät kennenlernte (s. S. 117ff.), erscheint dagegen angesichts ihrer historischen Bedeutung mit zehn gesicherten Nennungen deutlich unterrepräsentiert.

Insgesamt kann man sagen, daß die in den *quatrains* genannten Ortsnamen zahlenmäßig ihren Schwerpunkt in Südwestfrankreich haben. Ausgehend von diesem Epizentrum, verlieren sie wie Schwingungswellen mit zunehmender Entfernung von der Quelle an Intensität. Frankreich ist insgesamt am stärksten berücksichtigt – kaum verwunderlich, denn der Prophet verstand sich ja als Orakel des Landes – und dürfte in mindestens 30 % der *quatrains* mit Weissagungen bedacht sein, Italien noch in etwa 20 %. Dies waren die beiden Länder, mit denen Nostradamus persönliche Bekanntschaft gemacht hatte. England und Zentraleuropa, die er nie bereiste, finden dagegen nur in 4 % bzw. 2 % der *quatrains* Erwähnung, die heutige niederländisch-belgische Region sogar nur in 1 %. Die Iberische Halbinsel wird in etwa 3 % der Vorhersagen angesprochen, der gewaltige nord- und osteuropäische Raum nur in etwa 4 % der Weissagungen.

Verhältnismäßig prominent ist die muslimische Welt berücksichtigt, wobei allerdings Ortsnamen, da es Nostradamus unter diesem Aspekt offenbar an Sachkenntnis fehlte, zurücktreten gegenüber regionalen Bezeichnungen (»ägyptischer König«). Die hohe Repräsentanz wird sich daraus erklären, daß das türkische Imperium spätestens seit dem Sieg über die Ungarn auf dem Schlachtfeld von Mohács (1527) – Nostradamus war damals 23 Jahre alt – Europa latent bedrohte und kontinuierlich in der politischen Diskussion Frankreichs stand. Ferner ist an die politischen und kommerziellen Beziehungen zwischen Frankreich (Franz I., Heinrich II.) und den Osmanen zu erinnern. Auch die Vorgänge in Nordafrika, wo in Marokko mit dem Machtantritt der Saadier-Dynastie (1548) neue politische Konturen entstanden und wo die Eroberung von Tunis durch Spanien (1535) Aufsehen erregt hatte, dürften in das Weltbild des provenzalischen Propheten eingegangen sein.

Wir müssen in diesem Zusammenhang noch erwähnen, daß Ostasien wie auch die beiden Amerika in Nostradami Prophezeiungen mit nur einer einzigen Namensnennung (Americh in X, 66) erscheinen. Der Prophet selbst macht übrigens gerade im Heinrich-Brief die geographische Beschränktheit seiner Weissagungen deutlich. Man fragt sich natürlich, wieso göttlich inspirierte Visionen nicht vom Salon in der Provence bis nach China, nach Sibirien oder an beide Küsten Amerikas reichen sollten, gewinnt aber eine Antwort, wenn man sich nüchtern klarmacht, daß ein nicht göttlich, sondern menschlich inspirierter Visionär zu jener Zeit, Mitte des 16. Jh., wenig

Die erste Art, das »Prophetenspiel« zu betreiben, hat Eugene
F. Parker 1920 als die »retroaktive« bezeichnet. Einige Voraussagen Nostradami sind nämlich keine Voraussagen, sondern lediglich umwölkte Schilderungen dessen, was sich bereits so
oder ähnlich ereignet hatte und dem Propheten bekannt war.
Schon 1724 hat offenbar ein anonymer Autor in der Zeitung
›Mercure de France‹ auf diesen Sachverhalt hingewiesen. Ein
prominentes Beispiel für solche »Prophezeiungen des Vergan-
genen« ist z. B. V, 30 mit der Vorhersage, Rom werde erobert
und zerstört werden. Offenbar hatte Nostradamus hier den berüchtigten *Sacco di Roma* von 1527 vor Augen, bei dem Charles
de Bourbon fiel und das kaiserliche Heer wochenlang in der
Ewigen Stadt wütete. Ein anderes Beispiel, II, 90, mag auf Nostradami Kenntnis der Schlacht von Mohács (1526) beruhen,
einer der größten Katastrophen der ungarischen Geschichte,
zugleich eine Erschütterung für ganz Europa. Damals, am
26. August 1526, erlitt das ungarische Heer unter König Ludwig
gegen die Osmanen eine vernichtende Niederlage, das Land
geriet unter türkische Oberherrschaft. Zugleich erschien Mittel-
europa nun schutzlos den Streitkräften Süleymans des Prächti-
gen ausgesetzt.

Da die beiden genannten Beispiele mit der für Nostradamus
üblichen Dunkelheit abgefaßt sind, ist natürlich eine eindeutige
Klärung unmöglich. Es wäre auch ganz falsch, die Methode der
Nostradamiker umzukehren und nun statt nach dem Eintritt
von Zukunftsprognosen in den Vierzeilern nach Geschehnissen
der dem Seher bekannten Vergangenheit zu suchen. Es geht
vielmehr um die grundlegende Erkenntnis, daß Nostradamus
nur mit dem Material prophetisch »arbeiten« konnte, das ihm
zur Verfügung stand, also mit historischen Geschehnissen und
Mustern, die ihm bekannt waren und typisch erschienen: So
wie es einst in W mit X geschah, so wird es in Y mit Z gesche-

Kenntnis haben konnte von den Vorgängen etwa im chinesischen Kaiser-
reich der Ming-Dynastie und von der amerikanischen Kolonisation.

Gerade angesichts Nostradami selbstverordneter »visionärer Askese«
in Sachen Amerika erscheint es besonders dreist, wenn moderne Nostradamiker, übrigens meist US-Amerikaner, hingerissen von einem seltsamen Patriotismus, in den Vierzeilern irgendwelche Fingerzeige z. B. auf
das Lincoln-Attentat (1865), die Ermordung John F. Kennedys (1963) oder
die Kuba-Krise (1962) herauslesen möchten.

hen. Dabei legt Nostradamus – wie denn auch anders – die Wahrscheinlichkeiten seiner Zeit zugrunde. Insofern sind sogar sämtliche seiner *quatrains* »retroaktiv«, so wie Science-fiction-Literatur, wenn sie sich über die Zukunft äußert, in Wahrheit über die Gegenwart mit ihren Fragen und Ängsten spricht.

Wir haben an anderer Stelle (s. S. 90) von all den sprachlichen Verdunklungsmaßnahmen gesprochen, die Nostradamus sich einfallen ließ, um die Leser seiner Weissagungen in Verwirrung zu stürzen. Aber all die Verdunklung wäre zu einem uninteressanten Gestammel ausgeartet, hätte sie Nostradamus ohne Anknüpfungspunkte an den Erfahrungshorizont seiner Zeitgenossen gelassen.

Durch sein erstes, gerade skizziertes »retroaktives« Konstruktionsprinzip rief er bei seinen Lesern eine – freilich nie recht greifbare – Vertrautheit mit dem Material hervor, das vor ihnen ausgebreitet wurde: ein Déjà-vu-Erlebnis, einen seltsam bekannten memorativen Klang. Die Weissagungen rückten damit in eine Aura der Plausibilität.

Dieser erste Eindruck wurde verstärkt und vollendet durch das zweite Konstruktionsprinzip: Durch das Einstreuen von Konkreta, von zahlreichen Ortsnamen und hochherrschaftlichen Namenschiffren wie *Chiren* für »Henri« (= Heinrich), ließ Nostradamus aus der dunklen Erinnerung an vage bekannte historische Vergleichsfälle eine prophetische Authentizität aufleuchten, die suggestiv wirkte.

Das editorische Prinzip des Meisters ergibt sich entsprechend aus dem Miteinander von sprachlich-textlicher Verdunklung, Déjà-vu-Suggestion und konkretistischer Scheinerhellung. In dieser dreieckig gebauten Zwickmühle rotieren bis heute, teils auf naive Weise nach Wahrheiten suchend, teils auch nur kalt auf Gewinnchancen am Buch- und Medienmarkt spekulierend, die Nostradamiker.

Der Prophet in Paris

Der Prophet wird berühmt

Mag heute auch der Name Nostradamus singulär dastehen für all die prophetischen Bemühungen des 16. Jh., so hatte der Seher seinerzeit in Frankreich und Italien doch starke weissagende Konkurrenz. Da waren zum Beispiel Pierre Turrel oder Richard Roussat, der 1550 ankündigte, die Welt werde nicht irgendwann, sondern in exakt 243 Jahren zugrunde gehen. Da war der kleingewachsene Cosimo Ruggieri, ein Florentiner, der von Königin Katharina an den Königshof gezogen wurde und dort nicht nur fleißig Horoskope erstellte, sondern auch Amulette und Talismane anfertigte, dazu Wachsfiguren für den Liebeszauber. Da gab es nicht zuletzt einen Luca Gaurico, der dem jungen Fürsten Giovanni de Medici das Geburtshoroskop stellte und es später, unter Papst Paul III., zum Bischof brachte. Man hat nachweisen können, daß die Prophezeiungen und Horoskope der genannten Rivalen von Nostradamus sorgsam gelesen und »verarbeitet« wurden. All seinen Konkurrenten hatte er jedoch das voraus, was wir eben als Konstruktionsprinzip seiner vierzeiligen Hellsichtigkeiten beschrieben haben, das Prinzip nämlich, sich nie allzuweit aus der prophetischen Deckung hervorzuwagen, sondern sich zu behaupten in einer mit

67 Katharina von Medici (1519–1589). Gemälde eines unbekannten Künstlers

Namen und Scheindaten gesättigten Unklarheit, die alles verraten konnte, aber nichts verriet.

So hat er sie denn durch die Vagheit seiner ›Zenturien‹ alle aus dem Feld geschlagen: die visionären ebenso wie die astrologischen »Genauwisser«, die stets den Blick betreten senken mußten, wenn ihre zeitbezogene Weissagerei sich einmal mehr nicht bewahrheitet hatte. Nostradamus blieb von seinen Konkurrenten unnachgeahmt darin, nie etwas dezidiert zu sagen, aber stets, wie unbestimmt auch immer, Konkreta (die nichts hergaben) im nächtlich verzückten Blick zu haben.

Auch wenn er nie wirklich etwas vorherzusagen wußte, geriet der provenzalische Prophet so in das Sichtfeld des französischen Königshauses. Eugene F. Parker schreibt:»Der Erfolg der ›Zenturien‹ war ein unmittelbarer und überwältigender. Obwohl er [Nostradamus] offenbar auf die Mittelmäßigen in Geist und Stellung gezielt hatte, hatte er entweder die Reichweite seiner Waffe unterschätzt oder die Intelligenz seiner Leserschaft überschätzt«. Edgar Leoni vermutet, daß die Dunkelheit der Strophen für die Höhergestellten eine Herausforderung darstellte. Man hatte ihnen ein Rätsel präsentiert, das sie mit ihrer überlegenen Bildung glaubten lösen zu können. Und weiter:»Für die weniger gebildeten Massen hatte es dagegen zwangsläufig den Anschein, daß die Verse Geschnatter direkt aus der Hölle wären und daß Nostradamus, so wie sie es schon immer gemutmaßt hatten, ein Werkzeug des Teufels, das man fürchten und hassen mußte.«

Doch auch aus der Schicht der akademisch Gebildeten kam heftiger Widerstand, wie er ja schon Nostradami Prognostikationen entgegengeschlagen war (s. S. 66f.). In diesen Kreisen kursierte auch ein launiger lateinischer Spottspruch, verfaßt möglicherweise von dem Hofpoeten Jodelle:

> »Nostra damus cum falsa damus, nam fallere nostrum est;
>
> Et cum falsa damus, nil nisi nostra damus.«

Leider läßt sich das **Wortspiel mit dem Namen Nostradamus** – auf lateinisch bedeutet er so viel wie »wir geben das Unsere« – nicht angemessen übertragen. Den Witz verlierend, ist der Sinn etwa so zu resümieren:»Wir geben das Unsere, wenn wir Falsches behaupten, denn Falsches zu sagen ist unsere Art; Und wenn wir Falsches behaupten, tun wir nichts anderes, als das Unsere zu geben.«

Nostradamus scheint durch diese Art von Spott und Abwehr tief gekränkt gewesen zu sein. Die Bemerkungen über seine Mitbürger von Salon haben wir bereits zitiert (s. S. 54f.), und in der Heinrich-Epistel klagt er an mehreren Stellen über die Verfolgung durch böswillige Kritiker.

Aber das Interesse des Hofes hatte er nun einmal gewonnen. Genauer gesagt: das der Königin Katharina von Medici, jener Fürstin der Renaissance, die mit ihren »ränkesüchtigen italienischen Höflingen, ihren Magiern und Sehern« (Irene Mahoney) an der Seite Heinrichs II. residierte. Auf Katharinas Wunsch ließ der König an den Gouverneur und Großseneschall der Provinz, den Comte de Tende Claude de Savoy, den Befehl ergehen, er möge veranlassen, daß Nostradamus sich in Paris vorstelle.

Die Reise nach Paris

Als Nostradamus am 14. Juli 1556 (dieses Datum nach Theophilus de Garencières, 1672) mit der Kutsche nach Paris aufbrach, war er 52 Jahre alt. Wir wissen nicht, wie er als Kind, wie er als Student, wie er als junger Pestarzt und als Adlatus von Scaliger aussah, doch besitzen wir eine »Personenbeschreibung« aus seinen älteren Jahren, aus der Zeit, um die es hier geht. Sie stammt von Jean-Aimé Chavigny (s. S. 18ff.), der seit etwa 1553 bis ins Todesjahr 1566 Nostradami Sekretär war und ihn also tagtäglich sah und erlebte:

»Er [Nostradamus] war ein wenig unter mittlerer Höhe, von stämmigem Körperbau, behend und lebhaft. Er besaß eine breite, offene Stirn, eine gerade, nicht gebogene Nase, graue Augen, die im allgemeinen freundlich blickten, aber Feuer sprühten, wenn er in Zorn geriet, und ein Gesicht, in dem Ernst-

68 Das klassische Nostradamus-Portrait von Sohn César

haftigkeit und Lächeln wechselten, so daß neben seiner Ernsthaftigkeit eine große Menschlichkeit sichtbar wurde; seine Wangen waren von gesunder Röte, selbst noch in seinen späten Jahren, sein Bart war lang und dicht, seine Gesundheit gut und kräftig (bis auf seine letzten Jahre) und alle seine Sinne scharf und ohne Ausfälle. Sein Geist war gut und lebendig, leicht nahm er das auf, was er wissen wollte; sein Urteil war fein, sein Gedächtnis sehr bemerkenswert. Von Natur aus war er schweigsam, nachdenklich und wortkarg, doch konnte er zur rechten Zeit und am rechten Ort sehr gut sprechen; im übrigen aufmerksam, schnell und impulsiv, anfällig für Zornaufwallungen, geduldig bei der Arbeit.«

Natürlich haben wir es hier mit den Erinnerungen eines hingebungsvollen Schülers an den verstorbenen Meister zu tun, aber zumindest die Äußerlichkeiten der Physiognomie scheinen angemessen erfaßt, wenn wir sie mit den erhaltenen zeitgenössischen Portraits vergleichen. Von diesen besitzt das berühmteste, der Kupferstich des Sohnes César, natürlich keine wirkliche Authentizität, denn als der Vater starb, war César gerade einmal 12 oder 13 Jahre alt, und als César sein Portrait schuf (das Original besitzt die Bibliothèque de la Méjanes in Aix-en-Provence), lag der Vater bereits mehrere Jahre im Grab. Bemerkenswert erscheint, daß Chavigny gleich zweimal die Neigung des Propheten zu Wutausbrüchen anspricht. Nostradamus scheint ein in sich gekehrter, reizbarer Mann gewesen zu sein.

Dieser helläugige, gedrungene Herr stieg also am 14. Juli (alter Zeitrechnung) 1556 in eine Kutsche. Nach Jahren der Seßhaftigkeit in Salon war dies seine erste Reise außerhalb der Provence. Ziel der Fahrt war eine ebenso berühmte wie geheimnisumwitterte Machtinstanz: der französische Königshof, wo rings um Katharina von Medici, die Nostradamus durch den Mund Heinrichs II. gerufen hatte, die Intriganz der Zeit ihren ureigenen Wirkkreis hatte.

Die frühen Kommentatoren berichten uns, daß sich Nostradamus von Salon über Avignon nach Pont Saint-Esprit chauffieren ließ, wo er in die königliche Postkutsche umstieg. Am 15. August 1556, also einen Monat nach dem Aufbruch in Salon, traf er in Paris ein. Dazu ist anzumerken, daß die *poste royale* schon seit 1507 auch Privatleuten zur Verfügung stand. Anders, als von manchen Nostradamikern dargestellt, war es also nicht königliches Gönnertum, das den Propheten in die royale Postkutsche bugsierte. Auch die »Fahrkarte« nach Paris mußte Nostradamus selbst bezahlen (s. S. 123).

Am 14. Juli reiste Nostradamus in Salon ab, am 15. August, Mariä Himmelfahrt, traf er in Paris ein. Zieht man zeitgenössische Quellen zu Rate, wäre der Prophet allerdings, hatte er die königliche Postkutsche einmal erreicht, bis Paris nur noch etwa zwei Wochen unterwegs gewesen. Die verlängerte Reisezeit dürfte sich daraus erklären, daß Nostradamus auf seinem Weg nach Paris da und dort Station gemacht hat, vielleicht, um irgendwelchen Klienten Horoskope zu stellen, oder auch nur, um sich in der einen oder anderen Herberge einen Rasttag zu gönnen. Denn in der Tat war das Reisen in der Kutsche dazumal eine Strapaze. Die *carrosses* besaßen zwar schon Riemenaufhängung, aber noch keine Fenster, und man wurde in den dunklen Kabinen auf den schlechten Straßen der Zeit heftig durchgerüttelt.

Als Nostradamus in Paris eintraf, nahm er Quartier in einer Herberge namens Saint-Michel – die Namensgleichheit erschien ihm angeblich als gutes Omen – und ließ den Königshof von seiner Anwesenheit unterrichten. Der reagierte sogleich. Schon am nächsten Tag erschien der nach dem König mächtigste Mann Frankreichs höchstpersönlich in der Herberge: der Konnetabel Anne de Montmorency, Oberbefehlshaber der Armee seit 1538. Montmorency, ein Mann hoch in den Fünfzigern, war ein Jugendfreund Heinrichs II. Nun geleitete er den etwas jüngeren

---

◄　69　Pont Saint-Esprit, Verkehrsknotenpunkt an der Rhône.

70　Der **Konnetabel Anne de Montmorency**. Zeitgenössisches Gemälde, vielleicht von François Clouet. Montmorency war – in den Worten von Irene Mahoney – »ein Mann von großer Tatkraft, Ausdauer und Loyalität. Unglückseligerweise gehörte besondere Intelligenz nicht zu seinen Gaben.«

Nostradamus zum Schloß Saint-Germain-en-Laye, nordöstlich von Paris gelegen, wo der Prophet den Königlichen Hoheiten vorgestellt werden sollte.

Der erste Besuch bei Hof

La cour royale, politisches, soziales und kulturelles Zentrum des Königreiches, war zu jener Zeit einer rotierenden Hofhaltung unterworfen. Eine feste Residenz gab es nicht, vielmehr waren die Könige mit ihrem Hofstaat ständig unterwegs zwischen den Schlössern der Île-de-France und denen im Loire-Tal. Die Umzüge stellten sich als gewaltige »Prozessionen« dar, bei denen bis zu 18 000 Personen und 120 000 Pferde unterwegs waren. Benvenuto Cellini, der den französischen König Karl IX. (1560–1574) in den Jahren 1564 bis 1566 begleitete, hat anschaulich darüber berichtet. Der Train führte unter anderem Betten und Sessel, Teppiche und Gemälde mit sich, da viele der Schlösser nur spärlich möbliert waren, doch rumpelte auch das Staatsarchiv in einem der Wagen dahin. Saint-Germain-en-Laye, zu dem der Konnetabel mit Nostradamus ritt, gehörte freilich zu den bevorzugten Wohnsitzen des Königs, auf denen er oft viele Monate verbrachte. Es war das Schloß, wo er am 31. März 1519 als zweiter männlicher Sproß seines Vaters, Franz I., das Licht der Welt erblickte.

Das Budget des königlichen Haushalts hatte astronomische Höhen erreicht, und ganze Heerscharen dienstbarer Geister drängten und zwängten sich in den königlichen Hofstaat, der unter der Oberaufsicht des Grand-Maître de l'Hôtel und unter der direkten Aufsicht verschiedener »Sektionschefs« (vom Grand Chambellan bis zum Grand Fauconnier) standen. Die »Chargen, die (…) Prestige und eventuelle Einflußmöglichkeiten brachten, waren außerordentlich begehrt« (Ilja Mieck).

Von Castigliones (s. u.) universaler Menschlichkeit und Mannesehre erfuhr Nostradamus bei Hofe freilich wenig. Dafür konn-

Das Idealbild des Höflings
Immer mehr wurde in den Höflingskreisen jener Maßstab der Eleganz maßgebend, den Graf Baldassare Castiglione in seinem berühmten ›Libro del Cortegiano‹ (1528), das Idealbild eines Hofmannes skizzierend, verbindlich gemacht hatte. Ein *uomo universale* sollte der Höfling sein oder, wie man in Frankreich sagte, wo das Werk zwischen 1537 und 1592 sechs Übersetzungen erlebte, ein *honnête homme*.

te er sich, nachdem sich Anne de Montmorency im Schloß verabschiedet hatte, von der Aufdringlichkeit und Geschwätzigkeit
der dienstbaren Geister überzeugen, die so etwas wie das »Ge-
rüchtezentrum« Frankreichs bildeten. »Während er darauf wartete, zu Katharina vorgelassen zu werden, wurde er von den
neugierigen Höflingen umringt, die ihn mit Fragen, ernsthaften
wie scherzhaften, bombardierten oder einfach nur das Orakel von
Frankreich mit eignen Augen sehen wollten« (Edgar Leoni).

Der Zutritt zum König (*entrée*) wie auch zur Königin war, wie
das gesamte Hofzeremoniell, genau reglementiert. Ohne angemes-
sene Wartezeit war es nur einigen engen Vertrauten und Blutsver-
wandten möglich, unmittelbar zu den Hoheiten zu gelangen. Nostradamus rangierte, auch wenn er ein landesweit bekannter Mann
war, innerhalb der ausgefeilten Hofetikette lediglich als Klein-
stadt-Arzt, zudem belastet durch jüdische Vorfahren. So wird er
eine beträchtliche Zeit auf den Sesseln irgendeines Vorzimmers
von Saint-Germain haben absitzen müssen, ehe die Königin ihn
empfing, auch wenn sie persönlich ein drängendes Interesse gehabt haben mag, den rätselhaften Mann kennenzulernen.

Katharinas intime Beziehung zu den florierenden Künsten der
Astrologie und Prophetie war ein offenes Geheimnis. Vielleicht
erklärte sie sich aus einem unruhigen Leben, in dem die Italienerin
vielen Schicksalsschlägen ausgesetzt war, insbesondere aus der
qualvollen Zeit ihrer Kinderlosigkeit, in der sie nicht nur bei Ärzten, sondern auch bei Wahrsagern und Magiern Hilfe suchte.
Stets trug sie eine Art Skapulier mit lateinischen, französischen und
hebräischen Gebeten bei sich. Viel gemunkelt wurde ferner über
einen magischen Spiegel, den sie angeblich in ihrem Besitz hielt.

Eine sonderlich reizvolle Frau scheint Katharina, die in ihrem
37. Lebensjahr stand, als Nostradamus endlich ihr Kabinett be-
trat, nicht gewesen zu sein. Der venezianische Gesandte Giovanni Capello beschreibt sie um diese Zeit folgendermaßen:

Sie ließ sich Liebestränke bereiten und vermied es, auf einem Eselsrücken
zu reiten, weil dieses Tier als unfruchtbar galt und seine Unfruchtbarkeit
auf die Frauen, die es bestiegen, übertrug. Sie glaubte an Talismane und
an die Formeln der Alchemisten.

Jean Héritier über Katharina von Medici

Katharina von Medici

Am 13. April 1519 in Florenz geboren, hatte
Katharina Ihre Eltern, Lorenzo de'Medici, den Herzog von Urbino, und Madeleine de la Tour aus der Auvergne,
bereits wenige Wochen nach ihrer
Geburt verloren. Das Kind, zer-
brechlich und schwach, war nun
die letzte legitime Erbin der Medi-
ci-Dynastie. Zunächst übernahm
Papst Leo X. die Vormundschaft
für die Waise, ab 1523 dann Papst
Clemens VII., auch er ein Medici.
Als 1527 in Florenz ein Volksauf-
stand ausbrach, verlor die kleine
Herzogin ihr Herzogtum. Sie lebte
kurz unter den Benediktinerinnen des
Klosters Murate, dann in den Kloster-
mauern von Santa Lucia, schließlich in denen von Santa Cecilia. Clemens VII., ein Zau-
derer, der den religiösen Ansprüchen der Zeit mit ihrem Ruf nach einem
Allgemeinen Konzil nicht gerecht wurde und einem Historiker wie Leo-
pold von Ranke deshalb als der »unheilvollste aller Päpste« galt, versuchte sich lieber in Heiratsdiplomatie: Bereits 1524 wollte er sein Mün-
del – Katharina war damals fünf Jahre alt – an den zweiten Sohn des
französischen Königs Franz I. verkuppeln. Und Franz I. war interessiert:
»Frankreich hatte Lorenzo II. eine Gemahlin gegeben, nun war es daran,
einen Gatten für die Tochter des verstorbenen Herzogs von Urbino zu
stellen« (Jean Héritier). Doch es dauerte noch Jahre, bis die Heiratspolitik
fruchtete. Am 24. April 1530 wurde im Schloß von Anet der Ehevertrag
von Franz I., dem Vater des Bräutigams, unterfertigt, am 28. Oktober 1533
die Trauung durch Clemens VII. selbst vollzogen. Katharina, die als ein
frühreifes Mädchen mit viel Umsicht und Selbstbeherrschung beschrieben wird, war nun die Frau eines »Mannes« – der spätere Heinrich II. –,
der wie sie noch ein Jugendlicher von 14 Jahren war, geboren nur zwei
Wochen nach Katharina, ein eher düsterer Junge von durchaus be-
schränkten Geistesgaben. Der intellektuelle Unterschied zu Katharina
wuchs noch, da sich das Edelfräulein ständig weiterbildete, ihr Latein
verbesserte und sich ins Griechische einführen ließ, aber auch in »die
Musik der Sphären«, wie der Hofdichter Pierre de Ronsard (1524–1585),
einer ihrer Zeitgenossen, die Astrologie umschrieb. Das unspektakuläre
Leben der eingeheirateten Medici endete, als der älteste Sohn König
Franz' I., Franz von Angoulême, am 15. August 1536 ganz plötzlich starb
(ein Giftmord? Der Mundschenk wurde hingerichtet). Mit einem Mal war
der bislang wenig beachtete und stets verdrossen dreinblickende zweite
Sohn des ersten Franz zum Thronfolger geworden, zum *Fils aîné de France
et Dauphin de Viennois*, wie die offizielle Titulatur lautete, kurzum: eine
Respektsperson: um welche speichelleckerische Höflinge zu schleichen
begannen. Auch Katharina erschien damit in einem neuen Licht. Die Tatsache, daß eine Italienerin mit Kaufmannsblut, deren reiche Mitgift Franz I.

71 Katharina als junges Mädchen (links) und
im Witwenschleier

»Sie hat eine hübsche Figur, und
ihre Haut ist sehr zart; was ihr
Gesicht anbelangt, so ist sie gewiß nicht schön, denn ihr
Mund ist zu groß, und ihre
Augen treten zu weit hervor
und sind leblos. (…) Sie kleidet
sich prächtig und mit großem
Geschmack.«

Über den Inhalt des Gesprächs,
das Nostradamus mit der Königin
führte, sind wir nicht unterrichtet.
Wahrscheinlich ging es nicht allein um
Prophetie, Astrologie und die Zukunft Frankreichs, sondern etwa
auch um Schönheitspflege, denn Nostradamus galt seit seinen
kosmetischen Publikationen der 1550er Jahre diesbezüglich als
Fachmann, oder um sein obskures Heilmittel gegen die Pest
(s. S. 50f.). Doch dürfte Katharina ihm im Zuge der Plauderei ihr
eigentliches Anliegen vorgetragen haben: Nostradamus sollte den
sieben Königskindern, die auf Schloß Blois lebten, also nicht am
Königshof von Saint-Germain, das Horoskop stellen.

Mit dem König selbst wechselte Nostradamus bei seinem Besuch offenbar nur einige Worte. Daß Heinrich II. ihn nach dem
quatrain I, 35 gefragt haben soll, ist eine glatte Erfindung der

gereizt hatte, nun an der Seite des Thronfolgers stand, war der französischen Aristokratie ein Dorn im Fleisch. Man sprach von einer Mesalliance
und fand, daß ihre Mitgift nicht ausreiche, den Rangunterschied zwischen
den beiden Häusern auszugleichen. Der Widerstand wuchs noch, als die
Ehe mit Heinrich, der übrigens mit der fast 20 Jahre älteren Diane de Poi-
tiers liiert war und unter ihrem Einfluß stand, lange Zeit kinderlos blieb.
Dies war nicht tolerierbar. Eine zukünftige Königin mußte gebären, vor
allem Knaben, da nur diese nach geltendem Salischem Recht die Erbfolge
antreten konnten. Es kam soweit, daß Katharina ihrem Schwiegervater,
König Franz I., anbot, den Hof und das Land zu verlassen. Doch dann,
von niemandem mehr erwartet, endete die Zeit der Unfruchtbarkeit: Ab
1543 – es war ihr vierundzwanzigstes Lebensjahr – gebar Katharina insgesamt zehn Kinder, von denen sieben am Leben blieben. 1547 starb der le-
bens- und kriegslustige Franz I., und als am 25. Juli des Jahres Heinrich II.
in der Kathedrale von Reims gekrönt wurde, war aus dem geschmähten
Medici-Mädchen die Königin von Frankreich geworden.

Nostradamiker. Wie wir gezeigt haben (s. S. 103ff.), konnte Heinrich II. die Strophe gar nicht auf sich beziehen. Zudem war er, anders als seine Frau, wenig an den divinatorischen Künsten interessiert. Als ihn ein anderer der astrologischen Vertrauten seiner Frau, der berühmte Luca Gaurico, in einem Brief einige Monate vor dem Besuch Nostradami einen möglichen Tod im Zweikampf ankündigte, winkte er nur gleichgültig ab.

Heinrich war zwar ein Mann von Mut und Konstanz, aber von mäßigen intellektuellen Gaben. »Ideen interessierten ihn nicht, es sei denn, sie konnten gleich in die Tat umgesetzt werden« (Irene Mahoney), seine Bildung war bescheiden, obwohl ihn der bekannte Humanist Benedetto Tagliacarne erzogen hatte, Heinrichs Wesen eher düster. Der venezianische Gesandte Matteo Dandolo urteilte aus persönlicher Kenntnis: »Seine Natur ist ziemlich finster und schweigsam. Sehr selten nur lacht er oder trifft er Anstalten zum Lachen, so daß die meisten bei Hofe sagen, sie hätten ihn nicht ein einziges Mal lachen sehen.« Trotz seiner erst 37 Jahre war er, als Nostradamus sich vor ihm beugte, bereits ergraut, und trotz seiner Vorliebe für kriegerische Übungen und die Jagd neigte er zur Beleibtheit.

Unter finanziellen Aspekten war Nostradami Besuch bei Hofe ein schlimmer Fehlschlag. Zwar veranlaßte der König (oder die Königin), daß seine Habseligkeiten aus der Pariser Herberge in den Palast des Kardinals Bourbon-Vendôme, Erzbischof von Sens, geschafft wurde, wo Nostradamus nun komfortabel einquartiert war, doch kann er das Königspaar bei seiner Visite nicht sonderlich beeindruckt haben, denn Heinrich ließ ihm – wie es der Brauch der Zeit war – zwar einen Samtbeutel mit klingenden Münzen schicken, doch enthielt der lediglich 100 Kronen, denen Katharina, offenbar betroffen durch die Knauserigkeit ihres königlichen Gemahls, aus eigener Schatulle noch 30 Kronen hinzugefügt hatte.

Ich war früher sehr neugierig in bezug auf die Zukunft. Aber man hat mir schon so viel Falsches und Unwahrscheinliches orakelt, daß ich heute überzeugt bin, daß keiner wirklich Genaues wissen kann. *Heinrich II. nach der Hofchronik der Gräfin La Fayette*

Der entlaufene Hund

Zu den Nostradamus-Legenden, von denen wir schon einige Kostproben nahmen (s. S. 47f.), gehört auch ein bekanntes Beispiel aus der Pariser Zeit. In einer der Nächte, die er im erzbischöflichen Palast logierte, soll es, so die Fama, nächtens an der Haustür geklopft haben. Ein Page

Aber auch so blieb die Summe gering, denn allein die Anreise war Nostradamus um die 100 Kronen zu stehen gekommen, wie er in einem Brief von 1561 klagt. Offenbar hatte er eine sehr viel reichere Zuwendung des Königshauses erwartet und war mit begrenzten Mitteln nach Paris kutschiert. Nun geriet er in Finanznöte und war gezwungen, sich bei einem seiner Pariser Bewunderer, einem gewissen Jean Morel, Geld zu leihen, um über die Zeit zu kommen (s. auch S. 125).

Denn vorerst wurde er festgehalten, und zwar auf schmerzhafte Weise. Im erzbischöflichen Palast hatte Nostradamus, vielleicht bedingt durch die strapaziöse Anreise, zum ersten Mal einen Anfall jener Krankheit, die ihn bis zu seinem Tode quälen sollte: der Gicht, die einen seiner Füße zu zerstören begann.

Zehn Tage lang konnte er den Palast nicht verlassen. Katharina, die offenbar schon nach Blois abgereist war, wurde ungeduldig. Immerhin scheint der gichtbrüchige Nostradamus noch kräftig genug gewesen zu sein, dem einen oder anderen interessierten Pariser das Horoskop zu stellen. Daß ihn die Gläubigen förmlich belagerten, wie die nostradamische Literatur es behauptet, läßt sich mit der Finanznot des Meisters, die solcher Andrang ja behoben hätte, allerdings kaum vereinbaren.

Der Besuch in Blois

Irgendwann Ende August – die Schmerzen der Podagra hatten sich offenbar abgemildert – ritt der Seher nach Schloß Blois an der Loire ab, wo ihn Katharina schon erwartete und er der Kinderschar vorgestellt wurde. Es waren dies der Erstgeborene, der Dauphin Franz (*1543), die älteste Tochter namens Elisabeth (*1545) – sie sollte später Philipp II. von Spanien heiraten –, der zweitgeborene Sohn, Claude (*1547), der Drittgeborene, Karl (*1550), der Viertgeborene, Alexander (*1550), der sich später Heinrich nennen sollte, die zweite Tochter Margaret (*1553) und

---

der hochgestellten Pariser Familie Beauveau hatte dem ihm anvertrauten Schoßhund durch Unachtsamkeit aus den Augen verloren und wollte Rat suchen beim »Orakel Frankreichs«. Nostradamus soll ihm, ohne daß der Bedienstete den Anlaß kundtat, sogleich unwirsch zugerufen haben, er solle gefälligst nicht wegen irgendeines Tiers herumlärmen, sondern zur Straße nach Orléans gehen, wo er den streunenden Hund, der an einer Leine geführt werde, wiederfinden könne. Und natürlich bewahrheitete sich dies alles: Eben auf jener Straße führte irgendein Dienstmann den verlorengegangenen Haushund zurück nach Paris.

72 Nostradamus sagt Katharina von Medici das Schicksal ihrer Kinder voraus. Zeichnung eines unbekannten Meisters

schließlich als Letztgeborener Hercules (*1554), der sich später Franz nannte. Franz, der Dauphin, war 13 Jahre alt, als Nostradamus nach Blois kam, Hercules, der jüngste, gerade einmal zwei Jahre. Diesen königlichen Kindern also stellte Nostradamus das Horoskop. Natürlich war ihnen auf Geheiß der Königin in Form von Geburtshoroskopen schon ihr Schicksal orakelt worden, aber konnte es schaden, eine Berühmtheit wie Nostradamus als »Nebengutachter« zu Rate zu ziehen? Genau dies war Nostradami Funktion für den französischen Hof oder, genauer gesagt, für Katharina. Und dies erklärt auch die eher schäbige Honorierung: Nostradamus war für das Königspaar zunächst einmal nur eines von mehreren Orakeln, die ihm zu Gebote standen. Daß man ihn auf Katharinas Drängen zu Rate zog, hing auch damit zusammen, daß einige der Kinder in Blois kränkelten. Franz, der Dauphin, war geschwächt durch immer wiederkehrende Diarrhöe-Anfälle, Claude litt unter bronchitischem Husten.

Es gibt keine authentischen Berichte darüber, was Nostradamus in Blois tat und sagte. Die Legende füllt dieses Vakuum dafür um

73 Der Nordflügel von Schloß Blois, das unter Franz I. erbaut wurde und bis 1589 Residenz der französischen Könige war

Rekonstruktionsschwierigkeiten

Wir haben uns bei unserer Skizze der Paris-Reise an die klassischen Berichte gehalten, die mit Chavigny einsetzen, der es als Nostradami Sekretär eigentlich wissen müßte, auch wenn er selbst den Hof nicht sah, sondern in Salon zurückblieb. Doch bleiben eine Reihe von Unklarheiten. Denn leider erfüllt sich die Erwartung nicht, mit dem Eintreffen am Königshof würden Nostradami Aktivitäten durch archivalische Quellen besser dokumentiert. Vielmehr liegt auch diese prominente Episode seines Lebens im Zwielicht.

Dazu trägt maßgeblich ein Brief des Propheten (vom 30. November 1561) an einen gewissen Jean Morel bei, den Edgar Leoni 1961 erstmals veröffentlichte und der im Appendix der ›Lettres Inédites‹ von Jean Dupèbe 1983 nochmals ediert wurde. In dem fünfseitigen Schreiben entschuldigt sich Nostradamus bei Morel, der ihm im Oktober 1561, also einen Monat zuvor, einen Brandbrief geschrieben hatte, mit ausgesuchter Höflichkeit dafür, daß er das 1556 geliehene Geld – wir sprachen auf S. 123 davon – nicht zurückgezahlt habe. Er sei davon ausgegangen, der Königshof hätte diese Angelegenheit längst erledigt, denn insgesamt fünfmal habe er Katharina von Medici gebeten, die fällige Rückzahlung zu übernehmen. Und spöttisch ergeht sich Nostradamus über die finanzielle »Großzügigkeit« des Königshofs. Von einem Besuch in Schloß Blois an der Loire ist im Schreiben an Morel auffälligerweise keine Rede; vielmehr gewinnt man den Eindruck, Nostradamus habe permanent in Paris logiert und sei schließlich, nach Warnung durch eine »edle Frau«, fluchtartig abgereist, da die Justiz sich auffällig für ihn interessierte. Deshalb habe er, so liest man es zwischen den Zeilen, mit seinem Gönner Morel keinen persönlichen Kontakt mehr aufnehmen können.

Das angeblich malevolente Interesse der Behörden fügt sich zwar gut in den nostradamischen Mythos vom stets verfolgten Propheten und läßt sich trefflich an die inquisitorische Bedrohung von 1537/1538 anschließen, ergibt aber im Jahre 1556 keinen Sinn. Nach dem geltenden Recht jener Zeit war der König der Souverän über die gesamte Rechtsprechung. Kein Justizbeamter hätte es gewagt, an einen Mann Hand zu legen, der dem König persönlich vorgestellt worden war und der das Wohlwollen der Königin genoß. Wenn Nostradamus Unheil drohte, dann gewiß nicht von den Regierenden, sondern allein vom gegen ihn aufgebrachten »niederen Volk« und der Bauernschaft (s. S. 55f.). Zweifellos belügt der Seher Monsieur Morel also in dieser Angelegenheit, um sich aus dem Verdacht der Unehrenhaftigkeit herauszuwinden, denn letztlich war er wie ein Zechpreller aus Paris verschwunden und hatte Schulden Schulden sein lassen.

Aber mit dieser Richtigstellung werden die Abläufe im Umkreis des Königshofs nicht klarer. Hielt sich Nostradamus tatsächlich die ganze Zeit über in Paris auf, sah die Königskinder nie persönlich und stellte ihnen »aus der Ferne« das Horoskop? Oder sah er in Paris nur den König, reiste nach Abklingen seines Gichtanfalls nach Blois, wo er die Königin und die Valois-Kinder vorfand? Diese zweite Vermutung hat einiges für sich. Er könnte danach, so wie es ja auch Chavigny schreibt, nochmals nach Paris zurückgekehrt sein, obwohl es reisepraktischer gewesen wäre, über Orléans, wo die königlichen Postkutschen Station machten, direkt nach Süden Richtung Salon abzufahren.

so fleißiger, auch in Form einiger Gemälde, die Nostradamus als ehrwürdigen Magier darstellen und zeigen, wie er sich mit seherischer Gabe den Valois-Sprößlingen widmet oder gar ihre ätherischen Leiber heraufbeschwört (s. Abb. S. 72).

Auch den auswärtigen Diplomaten im Paris jener Zeit war die Nostradamus-Horoskopie ein wichtiges Thema, und so wissen wir, was die Höflinge sich zuflüsterten und was möglicherweise unter den Gebildeten als Gerücht kursierte: Nostradamus habe der Königin vorhergesagt, alle ihre Söhne würden dereinst Könige werden (s. aber S. 130f.).

Noch ein Aufenthalt in Italien?

Edgar Leroy, der brillante Analyst der Familienlegende (s. S. 17ff.), glaubt seltsamerweise, Nostradamus sei, wie er es im Brief an Morel behauptet, in Paris tatsächlich bedroht gewesen und nach Italien geflohen. Einziger Beleg dafür ist ein Zeugnis von Jean Guéraud, der als Stadtschreiber von Lyon Nostradami Durchreise zum Königshof notiert hat und hinzufügt, der Astrologe sei besorgt gewesen, was ihn wohl bei Hofe erwarten möge: »Er wäre in großer Gefahr, daß man ihm dort noch vor dem 25. August den Kopf abschlagen würde wegen Dingen, die er gesagt hätte.« Was das Zitat des Stadtschreibers belegt, ist lediglich die Unruhe, mit der Nostradamus nach Paris reiste. Was würde man dort von ihm wissen wollen? Würde man ihn ketzerischer Auffassungen anklagen? Würden seine astrologischen Rivalen, deren Polemik ihn stets ängstlich stimmte, gegen ihn intrigieren? Diese Ängste waren nicht ganz unverständlich, denn offenbar war der Seher nach Paris gerufen worden, ohne genau zu wissen, was der Hof von ihm wollte.

Für die Hypothese, daß Nostradamus sich einer drohenden Pariser Verfolgung durch die Flucht nach Italien entzog, gibt ja auch der Morel-Brief nichts her. Stützen läßt sie sich nur durch ein einziges Zeugnis, das der italienische Nostradamus-Forscher Corrado Pagliani den Schild hob. Er erwähnt zwei Zeitungsnotizen, veröffentlicht im ›Courrier de Turin‹ vom 26. Dezember 1807 und vom 27. Januar 1808, in denen ein gewisser Carrera auf die Existenz einer italienischen Inschrift über der Tür des Hauses Nr. 68 der Via Michele Lessona in Cascina Morozzo (Vorort von Turin) hinweist. In dieser Inschrift wird mit der Jahreszahl 1556 behauptet, hier habe Nostradamus gelebt und sein Paradies, seine Hölle und sein Fegefeuer erlebt. Das Haus ist heute zerstört, die Inschrift, wenn es sie denn überhaupt gab, verloren. Wahrscheinlich hat irgendein italienischer Nostradamiker, dem das Haus gehörte, sie angebracht. Wenn Ernst R. Ernst aus den danteskischen Bezügen (Hölle, Fegefeuer, Paradies) des fragwürdigen Epigraphs sogar auf Nostradami eigene Autorschaft schließen möchte, erscheint das besonders abwegig. Bekanntlich war Dante ein Gegner der Astrologie (s. auch S. 64); sofern Nostradamus den großen Florentiner jemals las, dürfte er ihn nicht eben geschätzt haben.

Ruhmesjahre

Zurück in Salon

Nostradami Leben in Salon nahm nach seiner Rückkehr, wohl Ende September oder Anfang Oktober 1556, den gewohnten Fortgang. Als Arzt praktizierte er kaum noch, wenn überhaupt. Vielmehr beschäftigten ihn seine jährlichen Prognostikationen und der Fortgang des von Adam de Craponne betriebenen Kanalprojekts, welches das allenthalb entbehrte Wasser durch die karstigen Muschelkalkböden der Großen Crau führen sollte (s. S. 57). Zudem erstellte er Privatleuten gegen gutes Geld Horoskope, gab astrologisch-seherische Ratschläge und arbeitete an den letzten ›Zenturien‹, denen er den Heinrich-Brief voranstellte.

In der Öffentlichkeit umloderte ihn die Gloriole, am Königshof den Majestäten dienlich gewesen zu sein; sie verlieh dem Halo seines Prophetismus zusätzliche Strahlkraft und dürfte ihn auch vor direkten Ausschreitungen der *cabans* (s. S. 56) bewahrt haben. Und diese Strahlkraft steigerte sich noch durch jenes Ereignis, über das wir bereits gesprochen haben: durch den Tod Heinrichs II. am späten Morgen des 10. Juli 1559 in der Folge eines Turnierunfalls. Der eine oder andere Leser der ›Zenturien‹ brachte diesen tragischen Todesfall mit Nostradami *quatrain* I, 35 in Verbindung, und das Gerücht, Nostradamus habe das Unglück vorausgesehen, machte die Runde auch bei denjenigen, die nie eine Zeile der ›Zenturien‹ gelesen hatten (zumeist, weil sie gar nicht lesen konnten). Indessen: Wenn hier jemand in beängstigender Weise eine zutreffende Vorhersage gemacht hatte, dann war es nicht Nostradamus, sondern Luca Gaurico (s. S. 113, 122), der den König in einem Brief, den Heinrich II. am 5. Februar 1556

Spätgeborene Kinder

Im Jahr der Paris-Reise war dem Propheten Sohn Charles geboren worden, 1557 kam Frau Anne mit dem dritten Sohn André nieder, 1558 mit Tochter Anne. Auch die häuslichen Aufgaben, die sich daraus ergaben, werden den späten Vater beschäftigt haben.

empfangen haben soll, vor einer bedrohlichen, ja lebensgefährlichen Wunde im Kopfbereich gewarnt hatte, die der König sich um das 41. Lebensjahr in einem Zweikampf zuziehen könnte.

Aber für die breiten Volksmassen war Nostradamus der Unhold. Er galt ihnen dabei weniger als erfolgreicher Prophet denn als Schwarzmagier, der durch seine Vorhersage das Unheil über den durchaus beliebten König heraufbeschworen hatte. César Nostredame berichtet uns, man habe in den Straßen von Paris den Vater in Gestalt einer Puppe verbrannt (s. auch S. 56) und die Inquisition aufgefordert, mit Nostradamus selbst nicht anders zu verfahren.

Die Erinnerung an Nostradami Besuch am Königshof war naturgemäß über die Jahre verblaßt. Nach dem Unfalltod des Königs entsannen sich aber auch große Herrschaften wieder des provenzalischen Propheten. Im Oktober des Jahres 1559 machte der Herzog von Savoyen, Emmanuel Philibert, auf seinem Weg nach Nizza in Salon Station – und verlängerte seinen Aufenthalt, als er erfuhr, daß in Nizza, der südlichsten Stadt des savoyischen Reiches, die Pest grassiere. Im Dezember reiste bei trübem Winterwetter auch Herzogin Margarete an, geschätzt als »die Perle Frankreichs«, die Schwester des verstorbenen Königs, die mehr noch als ihr Gatte – wir folgen Césars Schilderungen in seiner ›Histoire de Provence‹ – an Nostradami Person und Prophezeiungen interessiert war.

Das Jahr 1559 war aber noch in anderer Hinsicht bemerkenswert für Nostradamus. Schon ein halbes Jahr vor dem Besuch der savoyischen Hoheiten war der Kanal des Adam de Craponne eröffnet worden, in den Nostradamus seit längerem investiert hatte (s. S. 57) und zu dessen Ausbau er noch zwei-

Obyt Anno 1580.

Das savoyische Herzogspaar
Emmanuel Philibert (links) war nach der Absetzung seines Vaters durch Franz I. ins Exil gegangen. Nach der Devise »Spoliatis arma supersunt« (Den Besiegten bleiben die Waffen) hatte er für Kaiser Karl V. als Heerführer glänzende Siege errungen, u. a. bei Mühlberg (1547). Der »Paßstaat«

mal, am 22. September 1560 und am 13. Februar 1562, bedeutende Summen beitragen sollte. Der Ingenieur Craponne war, wie James Laver es formuliert, »der gute Engel dieses Landstrichs«. Später wurde er nach Nantes berufen, um den Lac de Grand-Lieu trockenzulegen.

Thronfolge und Gerüchteküche

Nach dem Turniertod des Königs setzte jene unglückselige Valois-Thronfolge ein, die Nostradamus angeblich ebenfalls vorausgesagt hatte (s. S. 130, aber auch S. 131). Sie hob an mit Franz II., dem ältesten Sohn des Verstorbenen. Am 18. September 1559 wurde er in Reims durch den Kardinal von Lothringen gekrönt. »Alter Gepflogenheit entsprechend, ritt er auf einem weißen Zelter und wurde an den Toren der Stadt von einem jungen Mädchen begrüßt« (Irene Mahoney). Der blasse und schwächliche Sechzehnjährige, schon seit langem Sorgenkind seiner Eltern, war den Strapazen höfischer Etikette und Pflichten freilich nicht gewachsen. Man hatte ihn übrigens im Jahr zuvor aus dynastischen Gründen vermählt; die Glückliche oder besser Unglückliche hieß Maria Stuart (1544–1587). Natürlich war auch sie bei der Krönung in Reims zugegen. Am 17. November 1560 erlitt Franz II. während eines Gottesdienstes in Orléans einen fiebrigen Schwächeanfall. Die Ärzte sprachen von einer Fistel im Ohr, unter der Hand munkelten manche Höflinge auch von Vergiftung, doch erscheint dies abwegig; niemandem konnte Franzens Tod am 15. Dezember 1560 von erkennbarem politischen Nutzen sein.

Der zehnjährige Bruder, Karl, übernahm die Königswürde als Karl IX. (1560–1574). Wie sein verstorbener älterer Bruder stand

75 Denkmal des Adam de Craponne in Salon

Savoyen überspannte die Westalpen, gewann aus der Kontrolle der Alpenübergänge (Großer und Kleiner St. Bernhard) seine Bedeutung und bildete im Umriß des Heiligen Römischen Reiches dessen Südwestwinkel. Die Eheschließung des Herzogs mit der Königsschwester hatte also wiederum einen politischen Hintergrund, sollte die Stellung der Valois im Südosten stärken. Noch in seinen letzten Tagen, ans Bett gefesselt, betrieb Heinrich II. das heiratsdiplomatische Projekt. Zwei Tage vor seinem Tod ordnete er die Vermählung an, und noch in der gleichen Nacht fand die Trauung ohne allen Pomp in einer spärlich beleuchteten Kapelle statt.

auch er unter der Regentschaft Königin Katharinas, die sich seit dem Tod ihres Mannes als *Regina Madre* zu einer unheimlichen Puppenspielerin auf der höfischen Bühne entwickelte.

Die Nostradamiker weisen zusätzlich noch auf *quatrain* X, 39 hin, in dem sie eine Vorhersage der Ereignisse um Franz II. und Karl IX. sehen. Der Vierzeiler läßt sich etwa so übersetzen:

> »Erster Sohn, Witwe, unglückselige Heirat,
>
> Ohne irgendwelche Kinder zwei Inseln in Zwietracht:
>
> Vor achtzehn, untaugliches Alter,
>
> Von dem anderen wird das Einvernehmen unterdrückt sein«.

Katharina und ihre Söhne

In der Gerüchteküche, auch der diplomatischen, brodelte es. Die Öffentlichkeit erinnerte sich nach dem Tod des nicht einmal achtzehnjährigen Königs verstärkt an Nostradami angebliche Vorhersage bei seinem Besuch auf Schloß Blois. Perronot de Chantonnay, der spanische Gesandte in Paris, schrieb Anfang 1561 an seinen König, Philipp II.: »Diese Katastrophen haben den Hof erstarren lassen im Zusammenhang mit der Warnung des Nostradamus, den man besser abstrafen sollte, statt ihn solche Prophezeiungen verbreiten zu lassen, die zu nichtigen und abergläubischen Überzeugungen führen.«

76 Katharina von Medici mit ihren Söhnen Karl IX. und Heinrich II. Wandteppich des 16. Jh.

Und der venezianische Gesandte, Michele Suriano, berichtete im Mai 1561 an den Dogen: »In Frankreich ist noch eine andere Vorhersage sehr weit verbreitet, die von jenem berühmten göttlichen Astrologen namens Nostradamus stammt und die drei Brüder bedroht, denn sie lautet, daß die Königinmutter sie alle drei als Könige sehen wird.«

Ob Nostradamus diese Prophezeiung wirklich ausgesprochen hat, bleibt letztlich unklar. Veröffentlicht wurde sie jedenfalls nie, und auch Katharina hat niemals darüber gesprochen, doch würde die kryptische Art der Weissagung der Manier des Sehers entsprechen: Einerseits verkündete sie den Triumph des Hauses Valois, dessen männliche Linie demnach zu ungebrochener Herrschaft bestimmt sei, andererseits implizierte sie angesichts der nur elf Jahre, die den ältesten und den jüngsten Valois-Sproß trennten, mehrere frühe Todesfälle unter den vier Söhnen.

Ob authentisch oder nicht, dem geschichtliche Kriterium der Wahrheit hält die Prophezeiung jedenfalls nicht stand, denn bekanntlich gelangte Hercules nie auf den Thron. Mit dem dritten Sohn, dem unseligen Heinrich III., endete 1589 nach dem »Krieg der drei Heinriche« die Königsherrschaft der Valois; die Bourbonen lösten sie ab.

Nach Le Pelletier sind in der ersten Zeile Franz und Maria Stuart gemeint, in der zweiten die Auseinandersetzungen zwischen Elisabeth von England und der Schottenkönigin Maria Stuart, während in der dritten auf Franzens Jugend und in der vierten auf Karl IX. angespielt werde. Nun ja.

Das eigentliche Problem, wenn man in diesem *quatrain* eine Voraussage erkennen will, ist jedoch ein ganz anderes: Le Pelletier und alle, die seiner Interpretation gefolgt sind, zuletzt etwa Helmut Werner,

77 Franz II. von Frankreich und Maria Stuart. Stich von Bonchot

müßten zunächst einmal beweisen – und das dürfte schwerfallen –, daß Nostradamus den Vierzeiler bereits vor 1560 geschrieben hat. Veröffentlicht wurde er nämlich erst 1568, also etliche Jahre nach den Ereignissen (s. S. 70f.). Daß der Prophet gelegentlich dazu neigte, ihm bekannten historischen Geschehnissen die Gestalt von Zukunftsvorhersagen zu geben, haben wir bereits an anderer Stelle erwähnt (s. S. 111f.).

Prophet hoher Herrschaften

Die persönliche Bekanntschaft mit dem Herzog von Savoyen und seiner Gemahlin Margarete, der Schwester Heinrichs II. (s. S. 128f.), führte 1561 offenbar zu einer ehrenvollen Einladung. Das Fürstenpaar, das soeben die alte Hauptstadt Chambéry aufgegeben und Turin zum neuen Hauptsitz erkoren hatte, lud Nostradamus im Dezember des Jahres an den – bescheidenen –

Dagegen, daß diese berühmte, als Fama kursierende Prophezeiung je abgegeben wurde, spricht indessen ein Brief, den Katharina im Oktober 1564 aus Salon (s. S. 135ff.) an den Konnetabel Anne de Montmorency schrieb. Darin teilt sie mit, Nostradamus habe dem jungen König, also Karl IX., eine glänzende Zukunft und ein langes Leben geweissagt. Er werde über 90 Jahre alt werden (tatsächlich wurde er nur 24). Mit der angeblichen Prophezeiung über das Schicksal der vier Heinrich-Söhne und einen mehrfachen Thronwechsel verträgt sich dies nicht.

»Nebenhof« von Nizza. Die Herzogin war schwanger, hoffte auf einen Thronfolger und suchte den vorausschauenden Rat des Sehers von Salon. Warum die Hoheiten nicht, wie es zeitgemäß die Sitte war, auf die Geburt warteten und erst danach, ausgestattet mit den genauen Daten, für den Sprößling in die Sterne schauen ließen, ist unbekannt.

Wie selbstverständlich sagte Nostradamus dem Ungeborenen Glänzendes voraus (»größter Heerführer seiner Zeit«), wiewohl Charles Emmanuel, so wurde er getauft, eine persönlich ungestüme, politisch aber mittelmäßige Figur Savoyens blieb (✝ 1632).

Ein Wort noch zur ganzen Episode. Sie ist bis heute nicht durch historische Forschungen bestätigt, auch wenn Samuel Guichenon in seiner ›Histoire généalogique de la Savoie‹ (1660) ein Horoskop des provenzalischen Sehers für den Thronfolger bestätigt.

Ob Nostradamus nun tatsächlich an den herzoglichen Hof berufen wurde oder nicht, fest steht jedenfalls, daß ihm Ende 1561 oder Anfang 1562 andere wissensbedürftige Herrschaften ihre Nöte vortrugen. Wir sprechen über die Domherren von Orange, denen im Zuge einer Kirchenschändung (Zerschlagung von Altären, Skulpturen und Gemälden) am 20. Dezember 1561 mehrere Sakralobjekte, darunter ein silberner Abendmahlskelch, ge-

78 Portal der Kathedrale von Orange

stohlen wurden. Während nahezu alle sonstigen Unterlagen über Nostradami seherische Beratungstätigkeit verloren sind (s. aber S. 87), hat sich in den Archiven von Arles eine Kopie (von 1714) jenes in den Archiven von Orange leider verlorenen Originalbriefs erhalten. Dieser Brief, Nostradami Antwort auf die Anfrage, ist auf den 4. Februar 1562 datiert.

Es handelt sich um einen ›typischen Nostradamus‹, und mit Recht macht sich James Randi lustig darüber, wie der Seher aus Salon sich in geschraubter Diktion dreht und windet, aber im Grunde nichts sagt: »Dies ist ein perfektes Beispiel, wie man um jede Aussage herumredet, ohne dabei irgend etwas wirklich Brauchbares zu sagen, zugleich aber die Würdenträger dazu veranlaßt, jeden in ihrem Kreis zu verdächtigen.« Man vermutete seinerzeit nämlich (wohl zu Recht), es handle sich bei der Verwüstung der Kathedrale um eine protestantische Attacke und weiter, daß einige katholische Kleriker die Täter unterstützt hätten. Nostradamus unterstreicht diese Vermutung.

In seinem Antwortbrief ergeht er sich zunächst einmal in den für ihn üblichen unheilschwangeren Verheißungen: Wenn die Diebe ihre sakrale Beute nicht zurückgäben, würde Orange von der Pest heimgesucht werden, die Kirchenschänder selbst den elendesten Tod sterben. Leider unterrichten uns keine Dokumente über den Ausgang des Kirchenraubes: Wurde er je auf-

Nehmt deshalb diesen meinen Brief als vollständiges Zeugnis der Wahrheit, die Zukunft wird sie bezeugen, und seid versichert, Ihr ehrwürdigen Herren, daß wenn das, was gestohlen wurde, nicht auf die eine oder andere Weise zurückgegeben wird, daß sie den elendesten Tod sterben werden, sich länger dahinziehend, qualvoller und von unvorstellbarerer Heftigkeit, als man je einen sah – es sei denn, alles ist zurückerstattet und zurückgebracht an seinen altehrwürdigen Verwahrungsort, und so wird es, wie Ihr finden werdet, geschehen. (…) Was ich Euch schreibe entspricht dem astronomischen Urteil und ist, ich muß mich dagegen verwahren, nicht gegen irgend jemanden auf dieser Welt gerichtet. *Humanus sum possum errare falli et decipi* [›als Mensch kann ich Fehler machen, getäuscht und betrogen werden‹]; nichtsdestoweniger, wenn es jemanden in Eurer Stadt gibt, der vertraut ist mit der astronomischen Lehre, aus der Urteile hervorgehen, so mag er anhand der Darstellung urteilen, ob er nicht versteht, daß das, was ich sage, nicht Wahrheit enthält. Habt keinerlei Furcht, Ihr Herren, bald wird alles gefunden werden, und wenn es nicht so sein sollte, so seid versichert, daß ein unseliges Schicksal heraufzieht für diejenigen, die durch ihr abscheuliches Verbrechen ein Sakrileg verübt haben.

Nostradami Brief an die Domherren von Orange (Auszug)

geklärt? Gelangten die geraubten Preziosen in den Domschatz zurück?

Jedenfalls waren die Jahre 1561 und 1562 in Salon eine harte Zeit für Nostradamus. Die sozialpolitischen Auseinandersetzungen verschärften sich auch in der Provence, die aggressive Haltung der Landbevölkerung wuchs, und Nostradamus erwog ernsthaft, das Städtchen zu verlassen. Am 14. April 1561 mietete er bei dem Notar Antoine de Béziers für ein Jahr ein Haus in Avignon, Rue de la Servellerie, zog dort aber schließlich doch nicht ein, sei es, daß die Atmosphäre in Salon sich entspannte, sei es, daß er auch in Avignon kein ruhigeres Leben mehr erwarten konnte.

Karl IX. und Katharina in Salon

Denn die religiöse Situation hatte sich mittlerweile in ganz Frankreich zugespitzt. Die Hugenotten erhielten immer mehr Zulauf, die Papisten reagierten militant, der Bürgerkrieg drohte, die bäuerliche Gewaltbereitschaft nahm zu. In zwei Edikten, erlassen im Juli 1561 und im Januar 1562, hatte Katharina den Hugenotten gewisse Zugeständnisse gemacht. »Zwar wurde den Reformierten die Benutzung bestehender und der Bau eigener Kirchen untersagt, aber sie durften immerhin außerhalb der Städte eigene Gottesdienste abhalten« (Heinz-Otto Sieburg). Allerdings waren die Konzessionen zeitlich befristet, und die Reformierten galten weiterhin nicht als wirkliche Christen, sondern als Anhänger einer »neuen Religion«, wie man sich offiziell ausdrückte. Die radikalen Führer der katholischen Partei wollten diese Toleranzedikte freilich nicht hinnehmen, und im März 1562 richteten Soldaten des Herzogs von Guise in Vassy (Champagne) bei der Auflösung eines hugenottischen Gottesdienstes ein Blut-

Katharina, Regentin für den noch unmündigen König **Karl IX.** (rechts), brachte im Frieden von Amboise 1563 eine Art Waffenstillstand zwischen den religiösen Parteien zustande. Nun sollte eine große Rundreise durch das ganze Land zu seiner Befriedung beitragen; zugleich war es das Ziel, den jungen König seinen Untertanen vor-

bad unter den Gläubigen an. Landesweiter Aufruhr war die Folge. Der erste von insgesamt acht Religionskriegen hatte begonnen, die Frankreich bis Ende des 16. Jh. verwüsten sollten – Kriege, in denen es keine klare Frontlinie und keine neutralen Zonen gab, kein Landesteil verschont blieb und mit großer Grausamkeit von regulären Truppen wie von Freischärlern gefochten wurde. In dieser Situation trat Katharina mit ihrer Familie eine Rundreise durch Frankreich an (s. u.), um für die Einheit des Landes zu werben.

Nach Stationen unter anderem in Troyes und Dijon stieß in Mâcon an der Saône Jeanne d'Albret zum königlichen Troß, die Königin von Navarra, eine überzeugte Hugenottin. Sie brachte nicht nur ihren zehnjährigen Sohn Heinrich, seit 1562 König, sondern auch acht calvinistische Geistliche und eine Garde von einigen hundert Reitern mit. Vielleicht betrachtete Katharina, obwohl es heftige Spannungen zwischen den Frauen gab, die gemeinsam vollzogene Reise als öffentliches Signal für das angestrebte Miteinander der verfeindeten Konfessionen. Jeanne war übrigens eine Valois, eine Nichte König Franz' I.; ihre Mutter, Margarete, die Schwester des Königs, hatte sich als Autorin des ›Heptameron‹ hervorgetan.

Nicht nur in Lyon, das der Hof am 9. Juli fluchtartig verließ, auch in den Städten der Provence flammte in diesem besonders heißen Sommer des Jahres 1564 jedoch die Pest wieder auf, und immer mehr verwandelte sich die geplante Triumph- und Versöhnungsreise des Valois-Hauses in ein Trauerspiel. So auch in Salon, wo die königliche »Karawane«, wie uns César Nostredame, den wir im folgenden mehrfach zitieren, wissen läßt, am 17. Oktober eintraf. Zwar hatte die Pest, »der erbarmungslose Feind«, dort bislang nur vier oder fünf Personen dahingerafft, doch war das vielen Einwohnern Grund genug gewesen, die Stadt zu verlassen, und »die Häuser waren in einem erbärmli-

zustellen und die Verbindungen zwischen Volk und Königshaus zu stärken. Es war also nicht der übliche Kursus von Königsschloß zu Königsschloß (s. S. 118), den der Hof einschlug, als er am 13. März 1564 Fontainebleau verließ. Auch war es nicht die übliche »Stadt auf Reisen«, die aufbrach; Katharina hatte den Hof-staat auf etwa 800 Begleiter beschränkt, aber natürlich herrschte kein Mangel an Personal. Immerhin sollte der auch jetzt noch gewaltige Troß Frankreich ja die Größe des Hauses Valois verkünden. Und so war denn auch die gesamte Königsfamilie unterwegs, selbst die Kleinkinder Margarete und Hercules.

chen Zustand, den Einzug des Königs zu empfangen«. Der König mußte durch Herolde, die ins Umland geschickt wurden, die Bevölkerung herbeirufen, was nur durch Androhung schwerer Strafen zu erreichen war. Mit Mühe und Not gelang es schließlich, so etwas wie einen »würdigen Empfang« der Königsfamilie nachzuholen, während der Troß vor der Stadt wartete. Man bedeckte den Straßenkot mit Sand – eine Pflasterung gab es noch nicht – und streute darüber Rosmarinzweige aus, um Wohlgeruch zu schaffen. Als der dreizehnjährige König auf einem Araber, der »mit schwarzem Samt« aufgezäumt war, endlich einreiten konnte, er selbst in einen mit Silber eingefaßten Purpurmantel gehüllt, empfingen ihn die Honoratioren der Stadt. Nostradamus selbst war nicht darunter.

Dies wirft noch einmal Licht auf seine Stellung in der Kleinstadt Salon. Er war dort alles andere als beliebt, und er selbst liebte die Saloner nicht (s. auch S. 54f.). César schreibt, er habe die Königinmutter »abseits des gemeinen Pöbels« empfangen wollen und sei sicher gewesen, daß man »nach ihm fragen und ihn suchen« werde.

In der Tat dürfte der Einzug nach Salon, wo die Königsfamilie in der Burg residierte, nicht zuletzt durch Katharinas Wunsch bestimmt gewesen sein, Nostradamus wiederzusehen und zu befragen. In den wirren Zeitläufen, von denen auch sie hin und her geworfen wurde, erhoffte sie sich seinen prophetischen Rat. Und so hatte der Seher von Salon denn auch den großen Auftritt, auf den er heimlich wohl spekuliert hatte: Eigens bat man ihn zur Begrüßungszeremonie hinzu. Aufgrund der Gicht, die den inzwischen fast Einundsechzigjährigen seit dem ersten Anfall während seines Paris-Besuchs immer wieder heimsuchte, humpelte er freilich heran, gestützt auf einen – wie César nicht zu bemerken vergißt – »sehr großen und schönen Malakka-Rohrstock mit silbernem Griff«. In der anderen Hand hielt er seinen samtenen

Die Menschen an der Rhône wagen nicht mehr, Fisch zu essen, und die Fischer legen keine Reusen oder Netze mehr aus, weil sie anstelle von Fisch pestverseuchte Kadaver herausziehen, die vorher in den Fluß geworfen wurden.

Der englische Gesandte Sir Thomas Smith,
Teilnehmer an der königlichen Rundreise,
über die Bedrohung durch die Pest

Doktorhut. Akademische Bildung demonstrierend, rezitierte Nostradamus in lateinischer Sprache einen eulogischen Vers auf den jungen König, konnte sich aber einen Seitenhieb auf die *plebs* von Salon nicht verkneifen, die er mit den in der Antike wegen ihrer Begriffsstutzigkeit verspotteten Bewohnern des altgriechischen Abdera verglich; bekanntlich hatte den Abderiten ihr größter Sohn, der Philosoph Demokrit, nichts gegolten. »*O ingrata patria, veluti Abdera Democrito*« (»O undankbare Heimat, wie Abdera gegenüber dem Demokrit«) lautete der Vers, mit dem er sich, wie César schreibt, »gegen die rohe und unzivilisierte Behandlung durch gewisse aufrührerische Schufte, Galgenvögel, blutrünstige Schlächter und schurkische Cabans« wandte.

Danach hinkte Nostradamus an der Seite der königlichen Hoheiten den Hügel mit dem Château de l'Emperi hinauf. König und Königinmutter würdigten ihn, so erzählt es jedenfalls César, noch am selben Abend eines Gegenbesuchs und waren im Hause Nostradamus zu Gast, wobei Katharina sich die gesamte Familie vorstellen ließ. Auch der junge König Heinrich von Navarra, der spätere Heinrich IV., war zugegen; angeblich stellte Nostradamus ihm das Horoskop. Und natürlich versäumte die den magischen Künsten so zugeneigte Regentin nicht, sich von Nostradamus die Zukunft weissagen zu lassen. Eine Probe dieser Prophezeiungen haben wir nach einem Brief von Katharina bereits gegeben (s. S. 131): Nostradamus weissagte Karl IX. ein hohes Alter, das der Kindkönig aber nicht annähernd erreichte. Auch für Anne de Montmorency hatte der Seher während des Besuchs der Hoheiten in Salon stolze 90 Jahre vorhergesagt, doch starb der Konnetabel in seinem vierundsiebzigsten Lebensjahr.

Der Lohn für Nostradamus war eine Börse mit 200 Kronen, die Karl IX. ihm zum Geschenk machte; Katharina gab noch einmal 100 Kronen dazu. Noch wichtiger aber war, daß Karl IX., natürlich unter dem Einfluß seiner Mutter, dem Seher jenes Geschenk

80   Der Knabe Heinrich von Navarra, geboren 1553, der 1589 als Heinrich IV. den französischen Thron bestieg und 1610 von dem Fanatiker Ravaillac ermordet wurde. Der deutsche Schriftsteller Heinrich Mann hat dem Fürsten aus Navarra (westliche Pyrenäen) in zwei Romanen ein literarisches Denkmal gesetzt.

81 Das Château de l'Emperi in Salon, wo die Königsfamilie im Oktober 1564 Quartier nahm

machte, das der an astrologischen oder prophetischen Spekulationen desinteressierte Heinrich II. acht Jahre zuvor verweigert hatte: Er ernannte Nostradamus zum »Berater und Leibarzt des Königs«. Natürlich war dies bloß ein Titel, freilich ein ehrenvoller. Nostradamus, in Salon ansässig, konnte und sollte den König nicht medizinisch behandeln und tat dies ebensowenig wie die anderen »Leibärzte« abseits des herrschaftlichen Kursus, auf dem der königliche Hof seine Residenzen besuchte.

Schon am Tag nach seinem Einzug, also am 18. Oktober 1564, verließ der königliche Troß das wenig freundliche Salon, um nach Aix, sodann nach Arles weiterzuziehen. Offenbar war der Wissensdurst der Königinmutter aber nicht ganz befriedigt, denn sie ließ angeblich noch einmal nach Nostradamus schikken. Der Prophet wurde nach Arles beordert, wo der Hof für 14 Tage Station machte.

Testament und Tod

Der Besuch der Hoheiten in Salon war Nostradami letzter Lebensgipfel, die Kutschfahrt nach Arles seine letzte Reise. Die

Neue Gerüchte
In diplomatischen Kreisen kursierten Berichte über noch andere Vorhersagen Nostradami. So berichtete Don Francisco d'Alava, der neue spanische Gesandte, an Philipp II., der provenzalische Prophet habe Katharina in Salon die Heirat des Kindkönigs Karl mit Königin Elisa-

beth von England vorhergesagt. Einige Monate später sandte d'Alava Philipp die Botschaft, Katharina selbst habe ihm bei einer Unterredung eine weitere Prophezeiung Nostradami mitgeteilt: 1566 werde ein allgemeiner Friede Frankreich und die Welt beglücken. Nun kann man Nostradamus nicht verant-

Gicht ließ Aktivitäten außerhalb von Salon künftig nicht mehr zu. Es handelt sich hier um eine Krankheit (*Arthritis urica*), die fast ausschließlich Männer befällt und von einem häufig ererbten Stoffwechseldefekt den Ausgang nimmt. Die Gicht ist charakterisiert durch die Einlagerung harnsaurer Salze in den Gelenken, die nach und nach deformiert und zerstört werden. Offenbar litt Nostradamus an der Fußgicht (*Podagra*), die meist das Großzehengrundgelenk, seltener das Sprung- und Fußwurzelgelenk befällt und sich in der Regel nachts oder frühmorgens in heftigen Schmerzschüben äußert. Der ältere deutsche Ausdruck »Zipperlein« für die Podagra spielt auf die Gehbeschwerden der Gichtbrüchigen an, die sich aufgrund der Fußgelenkdestruktion nur noch hinkend (mittelhochdeutsch: *zippeltritt* = trippelnde Gangart) fortbewegen können.

Der chronischen Gicht – schon 1556 erlitt Nostradamus, wie geschildert (s. S. 123), den ersten Krankheitsanfall – schließt sich als medizinische Komplikation nicht selten die sogenannte Gichtniere an. Wahrscheinlich ist Nostradamus an einer Nierenkrankheit (schleichende *Pyelonephritis?*) gestorben.

Im Jahre 1566 fühlte er seine Kräfte schwinden. Er war jetzt 62 Jahre alt und nicht mehr in der Lage, sein Wohnhaus in Salon zu verlassen. Am 17. Juni 1566 ließ er den Saloner Notar Joseph Roche rufen, um sein Testament aufzusetzen. Das Dokument ist erhalten und bemerkenswert für seine Klarheit und Detailliertheit, die im krassen Gegensatz steht zu der nebulösen Art nicht nur der ›Zenturien‹, sondern auch der Briefe, etwa an Heinrich II. (s. S. 72, 78), die Domherren von Orange (s. S. 133) oder auch an François Bérard (s. S. 80). Wenn es um das eigene Geld und Gut ging, konnte der Prophet sehr präzise sein.

So rechnet das Testament sorgsam Nostradami Münzeigentum auf; es belief sich auf »3444 Kronen und 10 Sous«. Dazu besaß der Prophet Schuldscheine über weitere 1600 Kronen (vielleicht

---

wortlich machen für die Gerüchteküche der spanischen Diplomatie. Zutreffen wird aber das, was d'Alava über Nostradamus einerseits, Katharina andererseits schreibt. Sein Urteil über den Propheten lautet: »Er ist der diplomatischste Mann der Welt und sagt nie etwas, was irgend jemandem ungenehm

sein könnte«, das über Katharina: Wenn sie von Nostradamus spricht, »hat sie einen so vertrauensvollen Ausdruck, als ob sie den hl. Johannes oder den hl. Lukas zitierte«.

vom Kanalbauer Adam de Craponne?). Nostradamus war nach
unseren Begriffen ein reicher Mann mit beträchtlichen Rücklagen
und ohne alle finanzielle Sorgen. Zumal ja auch der Sachbesitz,
vor allem das Haus in Salon, zu Buche schlug. Bis hin zu ein paar
Sous, die an die Armen verteilt werden sollten, bis hin zu »einer
quadratischen kleinen Schale im Keller« wird Nostradami Hab
und Gut in der testamentarischen Regelung umsichtig verteilt.

Aber offenbar doch nicht umsichtig genug, denn noch einmal, am 30. Juni 1566 werden der Notar und die Zeugen (darunter Jacques Suffren; s. S. 87) von Nostradamus einbestellt und
ein Kodizill zum Testament verabschiedet. Liest man seine Zeilen, gewinnt man den Eindruck, daß im Hause Nostradamus
nach der Unterfertigung des Testaments zwei Wochen zuvor
allerlei Kleinkämpfe zwischen den Geschwistern stattfanden.
Denn das Kodizill läßt sich nur über Minores aus. So bekommt
Nostradami Lieblingstochter Madeleine nun auch »Walnuß-
holztruhen aus dem Studierzimmer« und César das schon erwähnte Astrolabium (s. S. 85f.).

Die Hauptregelungen des Testaments sind diese: Frau Anne
Ponsarde erhält 400 »escus d'or pistollets« (400 Pistolet-Kronen)
und ein Drittel des Hauses, die Tochter Madeleine 600 Goldkro-
nen, die Töchter Anne und Diane 500 Pistolet-Kronen als Mitgift
am Tag ihrer Heirat. Als ältester Sohn soll César bei seinem fünfundzwanzigsten Geburtstag das Haus besitzen, jedoch mit der
Einschränkung, daß die Wohnregelung für seine Mutter gültig
bleibt. Auch die jüngeren Brüder sollen das Recht haben, bis zu
ihrem fünfundzwanzigsten Jahr im Haus zu leben, und sind danach mit jeweils 100 Pistolet-Kronen abzufinden.

Jean-Aimé Chavigny, Nostradami Adlatus, berichtet, um den
25. Juni 1566 habe sich beim Propheten in der Folge seiner Arthritis eine Wassersucht (*Hydrops*) entwickelt. Dies würde unsere
Vermutung stützen, daß Nostradamus an Niereninsuffizienz ge-

Ein penibles Testament (Auszug)
Ebenso hat er vermacht und vermacht er der besagten Ponsarde, seinem
Weib, den Aufenthalt und die Wohnung in einem Drittel des Gesamt-
hauses des genannten Erblassers, mit welchselben dritten Teil die genannte Ponsarde nach ihrem Gutdünken verfahren kann und den sie so
lange genießt, wie sie als Witwe des genannten Erblassers lebt. Dieser
hinterläßt der genannten Ponsarde auch eine Truhe aus Walnußholz,
bekannt als die Große Truhe, die in der Halle des genannten Erblassers

Interessant ist die Verfügung über **Nostradami Bibliothek**. Ausdrücklich hält das Testament fest, daß die einzelnen Titel des Buchbestands nicht namentlich aufgeführt werden sollen. Man kann darin eine Vorsichtsmaßnahme des Propheten sehen, den Besitz »verbotener«, indizierter Bücher zu verschleiern. Nostradami Beteuerung im César-Brief von 1555, er habe zwar magische Werke benutzt, sie aber dann ins Feuer geworfen, mag eine bloße Schutzbehauptung gewesen sein.

storben ist. Bei der mit der chronischen Gicht einhergehenden chronischen *Pyelonephritis* fehlen ansonsten zumeist klare Symptome. Die Erkrankten fühlen sich abgeschlagen und sind appetitlos, haben aber kein Fieber. Wie auch immer, am 1. Juli 1566 wurde der Prior des Franziskanerklosters von Salon gerufen, um Nostradamus die Beichte abzunehmen und ihm die Letzte Ölung zu spenden.

Wenn der Legendenschürer Chavigny aus Nostradami Äußerung am Abend des 1. Juli, am nächsten Morgen werde man sich nicht mehr wiedersehen, einen letzten Beleg für die prophetische Kraft des Meisters zu konstruieren sucht, so wirkt das eher peinlich. Nostradamus war – daher ja Testament und Letzte Ölung – am Ende seiner Leibeskräfte angelangt und hatte davon ein klares Bewußtsein. In den frühen Morgenstunden des 2. Juli 1566 verstarb der Seher von Salon.

82 Das Wohnhaus der Familie Nostradamus in Salon beherbergt heute ein bescheidenes Museum (s. auch S. 17).

steht, zusammen mit der kleineren Truhe daneben nahe dem Bett, dazu das Bett in der besagten Halle mitsamt Matratzenüberzug, Matratzen, Federung, Polsterung, umkleidender Tapisserie und den Vorhängen und Faltenstoffen um das genannte Bett; zudem sechs Laken, vier Handtücher, zwölf Servietten, ein halbes Dutzend tiefe Teller, ein halbes Dutzend flache Teller, ein halbes Dutzend Näpfe, einen großen und einen kleinen Krug, eine Tasse und eine Salzbüchse, alle aus Zinn ...

Nachleben

Das Grab und seine Geschichte

In seinem Testament hatte Nostradamus auch über seine Grablege eine Verfügung getroffen. Er wollte in der Kirche des Franziskanerklosters von Salon bestattet werden, und zwar an genau bezeichneter Stelle (s. u.).

Um die gewünschte Art des Begräbnisses sicherzustellen, bedachte Nostradamus die franziskanischen Brüder mit einem kleinen Legat aus der Erbmasse. Wahrscheinlich hat er sich am 1. Juli 1566 auch mit seinem Beichtiger, dem franziskanischen Prior Vidal, über die Frage seiner letzten Ruhestatt unterhalten.

Das Grabmal wurde an der bezeichneten Stelle errichtet, und eine große Marmorplatte trug jene Inschrift, die wir einleitend bereits zitierten (s. S. 7). Den Gedenkspruch, der ganz in der antikischen Manier der Renaissance gehalten ist, dürfte Chavigny im Namen von Anne Ponsarde, der Witwe, verfaßt haben. Es heißt, Nostradamus sei stehend in der Kirchenmauer beerdigt worden, damit ihm »die Bauerntölpel nicht auf den Nakken treten könnten«, doch mag dies auch eine der vielen nostradamischen Legenden sein. Und es dauerte nicht lange, bis eine neue Legende hinzukam: »Man erzählte sich, Nostradamus sei nicht tot. Er sitze vielmehr mit Lampe, Feder, Tinte und Papier in seinem Grabe und schreibe weiter an der Zukunft« (Ernst R. Ernst).

Zum Nachleben des Sehers gehört die Verehrung, die das Grab in der Klosterkirche erfuhr. Auch königliche Bewunderer stellten sich ein. Am 1. November 1622 (neue Zeitrechnung; s. S. 11) besuchte Ludwig XIII. (1610–1643) das Grab in Salon. Immerhin gab es ein *quatrain*, nämlich IX, 18, das von einem sieg-

---

Nochmals aus dem Testament
Da nun nach der Seele der Körper das Wertvollste ist, hat der Erblasser verfügt, daß er dann, wenn die Seele seinen Körper verlassen habe, zum Begräbnis in die Kirche des Klosters vom hl. Franziskus im besagten Salon überführt wird, und zwar zwischen dem Hauptportal und dem Altar der hl. Martha, wo er die Errichtung eines Grabmals oder Monuments an der Wand verfügt hat. Er hat verfügt, daß sein besagter Leichnam von vier Kandelabern flankiert wird ...

reichen Dauphin sprach, und Ludwig XIII. trug diesen Titel als König. Am 16. Januar 1660 kam Ludwig XIV. (1638–1715), der »Sonnenkönig«, begleitet von seiner Mutter, Anna von Österreich, und Kardinal Mazarin (von dem Nostradamus angeblich in VIII, 19 spricht). Nicht nur die letzten Valois, sondern auch die Bourbonen schätzten also das »Orakel von Frankreich«.

Aber es erschienen auch ganz andere Besucher: Soldaten der Französischen Revolution, welche die Ruhestatt des Propheten schändeten. »1791 brachen einige Nationalgardisten aus Marseille das Grab auf (…). Einer von ihnen soll Wein aus dem Schädel des Propheten getrunken haben. Während dieser Trunkenheitsorgie wurden die Gebeine verstreut, und die Bürger von Salon nutzten nur zu gern die Gelegenheit, sich neue Reliquien zu verschaffen. Der Bürgermeister, ein Monsieur David, trug alle Knochen zusammen, die er noch finden konnte, und erhielt dabei sogar Unterstützung von der Soldateska, der er spitzfindig einredete, Nostradamus habe die Französische Revolution vorhergesagt« (Edgar Leoni).

Was von den Gebeinen des Propheten verblieben war, wurde in der von den Revolutionsstürmen verschonten Dominikanerkirche Saint-Laurent zum zweiten Mal beigesetzt. Erst im Jahre 1813 hat man dort jenes Grab geschaffen, das heute touristisches Ziel nahezu aller Besucher von Salon ist. Die marmorne Platte mit der lateinischen Inschrift (s. Abb. S. 7) ist der zerschlagenen ursprünglichen nachgebildet, macht durch einen Textzusatz aber deutlich, daß es sich nicht um das Original handelt.

83 Die Dominikanerkirche Saint-Laurent in Salon, in der Nostradami Gebeine nach der Schändung seines Grabs im Franziskanerkloster zum zweiten Mal beigesetzt wurden.

Falsche Söhne und Fälschungen

Eine Reihe von Betrügern versuchte aus dem berühmt-berüchtigten Namen Nostradamus Nutzen für sich zu ziehen. So erschien 1568 ein Almanach unter dem Namen Michel de Nôtre-Dame bzw. Nostradamus der Jüngere. Der betreffende Autor behauptete, ein Sohn des verstorbenen Propheten zu sein, und publizierte 1571 ein Buch mit Weissagungen im Stil der ›Zenturien‹. Auch ein gewisser Antoine Crespin Nostradamus suchte 1571 an das Renommee des Sehers anzuknüpfen. Beide Prätendenten bleiben historisch schattenhaft. Immerhin gibt es eine Anekdote über das Ende »Michels des Jüngeren«, erzählt von Théodore-Agrippa d'Aubigné in seiner ›L'Histoire universelle‹ (1616–1620). Danach soll der »jüngere Nostradamus« als Soldat während eines Feldzugs der eigenen Prophezeiung, das 1574 belagerte Städtchen Poussin werde in Flammen aufgehen, dadurch nachgeholfen haben, daß er an verschiedenen Stellen der Ortschaft selbst Feuer legte. Einer seiner Waffenkameraden erstach ihn daraufhin mit der Lanze – »ein Ereignis, das Michel offenbar nicht vorhergesehen hatte«, wie James Randi süffisant bemerkt.

Etwas schwerer einzuschätzen als der Schwindler Michel ist ein gewisser Henri Nostradamus, der als Neffe des Sehers firmierte – und es vielleicht tatsächlich war, denn einer der Nostradamus-Brüder (s. S. 18) könnte natürlich einen Sohn dieses Namens gehabt haben. Jedenfalls gab jener Henri Nostradamus vor, im Besitz von weiteren Prophezeiungen seines angeblichen Onkels zu sein, den sogenannten *sixains*, also von Sechszeilern, 58 an der Zahl. Ganz offenbar handelt es sich um Fälschungen, denn einer der Sechszeiler bezieht sich dezidiert auf Ereignisse des Jahres 1602 (Verschwörung des Duc de Biron). Auch stilistisch weisen die *sixains* kaum Ähnlichkeiten mit den *quatrains* auf.

Bibliographische Forschungen haben ergeben, daß die erste vollständige Ausgabe der ›Zenturien‹, 1568 bei Benoist Rigaud

84   Jules Mazarin (eigentlich: Giulio Mazzarino, 1602–1661) bestimmte bald nach dem Tode Richelieus (1642) als leitender Minister maßgeblich die Politik Frankreichs.

in Lyon erschienen (s. S. 70f.), mindestens zweimal gefälscht wurde: Einmal 1649 und nochmals irgendwann nach 1675 wurde die Ausgabe von 1568 nachgedruckt, wobei die Verantwortlichen vorzutäuschen suchten, es handele sich um die Originalausgabe. Der gefälschte Nachdruck von 1649 war politisch motiviert: Man hatte als VII, 42 und VII, 43 zwei *quatrains* eingeschmuggelt, die auf Kardinal Mazarin bezogen werden mußten und den Sturz des Staatsmanns verkündeten. Übrigens handelt es sich um plumpe Fälschungen von einer »seherischen« Deutlichkeit, wie man sie bei Nostradamus vergebens suchen würde. Der Vierzeiler VII, 42 lautet zum Beispiel:

»Wenn Innozenz den Stuhl Petri innehat

Der Sizilianer Nizaram (er wird

In großen Ehren gehalten) aber später wird er fallen

In den Übeln eines Bürgerkriegs.«

Nizaram ist natürlich ein leicht decodierbares Anagramm für Mazarin.

Mit den eingeschobenen Vierzeilern über – oder besser: gegen – Mazarin war die zu jeder Fälschung bereite politisch-propagandistische Verwertung des vierzeiligen Erbes eingeläutet, die sich über das 18. und 19. Jh. fortsetzen sollte und noch in der Zeit des Zweiten Weltkriegs Sumpfblüten trieb. Damals versuchten sich sowohl die Nationalsozialisten (Amt VI des Reichs-

Vierzeiler unklarer Herkunft
Nach Nostradami Tod tauchte noch manches andere Material auf, dessen Authentizität angezweifelt werden muß, so einige Strophen der ›Zenturien‹ 11 und 12. Bekanntlich hatte der provenzalische Prophet aber nie mehr im Sinn, als die »Tausendschaft« zu vollenden, also zehn ›Zenturien‹ zu 100 Vierzeilern. Ferner sind in diversen späteren Ausgaben des prophetischen Werks einzelne Vierzeiler eingestreut, so z. B. in einer Ausgabe von 1589 die *quatrains* VII, 73, VII, 80, VII, 82 und VII, 83, in einer Ausgabe von 1605 weitere 15 Vierzeiler etc. Der Stil dieser Weissagungen erinnert in seiner Nebelhaftigkeit in der Tat an die Handschrift des Meisters, doch bleiben etliche Fragen. Wie gelangten diese Vierzeiler zum Druck, warum hat Nostradamus sie nicht selbst veröffentlicht, warum erwähnt Sohn César, der sich z. B. fürsorglich um die Sicherstellung der Briefe seines Vaters kümmerte, solche literarischen Hinterlassenschaften mit keinem Wort? Sollten die Strophen authentisch sein, dürften sie zur bekanntlich unvollendeten siebten ›Zenturie‹ gehören. Chavigny mag sie als Brosamen der nostradamischen Produktion aufgesammelt und zur Publikation gebracht haben. Man kann in dem Adlatus des Sehers aber auch den heimlichen Verfasser dieser Strophen vermuten. Der wahre Sachverhalt wird sich wohl nicht mehr klären lassen.

sicherheitshauptamts) als auch die Alliierten (z. B. die sogenann-
te »*black group*« im britischen Kriegsministerium, Department of
Psychological Warfare) an der Demoralisierung der jeweiligen
Gegenseite durch die gezielte Fälschung von nostradamischen
quatrains. Die Streuung negativer Voraussagen sollte den
»Wehrwillen« der einfachen Soldaten auf der anderen Seite der
Front brechen. So wurden 1943 von englischen Flugzeugen
Zehntausende von Exemplaren einer Broschüre mit dem Titel
›Nostradamus prophezeit den Kriegsverlauf‹ abgeworfen. Ihr
Text suggerierte unter Fälschung der Strophe III, 30, in die man
den Namen »Hister« einfügte, Nostradamus habe Hitler und
Deutschlands Kriegsniederlage vorausgesagt.

Nationalsozialismus und Okkultismus

Der 1900 in Basel geborene Karl Ernst Krafft, Vertreter einer antisemitisch
gefärbten Astrobiologie, genoß bereits seit etwa 1937 das Vertrauen etlicher Parteigrößen. Schlagartig kam Krafft zu Ruhm, nachdem er am
2. November 1939 in einem öffentlichen Vortrag prophezeite, Hitlers Leben sei zwischen dem 7. und 10. November in akuter Gefahr. Tatsächlich
detonierte am 8. November im Münchner Bürgerbräukeller, kurz nachdem Hitler dort vor Veteranen der Bewegung eine Rede zum Gedenken
an seinen Putschversuch von 1923 gehalten und den Saal verlassen hatte,
eine Bombe. Die Gestapo war allerdings weniger von Kraffts astrologischer Hellsicht überzeugt als davon, er sei heimlicher Mitwisser des ge-
planten Attentats gewesen, und es bedurfte der Intervention von Rudolf
Heß, »Stellvertreter des Führers«, um Krafft den
Folterkeller zu ersparen. Der Astrobiologe stellte
nun unter anderem Heß das Horoskop und wurde von Joseph Goebbels gefördert, war aber zu
sehr versponnener Einzelgänger, um auf Dauer
im filigran geknüpften Machtnetz des National-
sozialismus reüssieren zu können, auch wenn er
insofern den NS-Erwartungen entsprach, als er
Stalin, Churchill und Roosevelt eine schlechte Zukunft attestierte und eine erfolgreiche Invasion
Rußlands durch die Wehrmacht voraussagte. Als
Heß im Mai 1941 den rätselhaften Schottland-Flug
unternahm, verlor Krafft seinen wichtigsten Pro-
tektor und geriet ins Zwielicht. »Taktische Fehler«, etwa ein ungünstiges Horoskop für Erwin
Rommel, den Befehlshaber des deutschen Afrika-
korps, dazu »defätistische« mündliche Äußerungen, nach denen Großdeutschland den Krieg
verlieren werde, führten schließlich zu Kraffts Inhaftierung. Beim Transport ins KZ Buchenwald
starb Karl Ernst Krafft am 8. Januar 1945 in einem
Viehwaggon.

85 Heinrich Himm-
ler und Rudolf Heß

Bemerkenswert erscheint, daß die NS-Führung, die ja einer phantastischen Weltsicht zum Beispiel in den Formen von Arier-Mythos, Welteis- und Hohlweltlehre zuneigte und in Heinrich Himmler einen energischen Befürworter okkulter Forschungen hatte, bei aller militärpolitischen Fälschungsniedertracht selbst keineswegs unbeeindruckt war von Nostradami vierzeiligem Geraune. Mit dem schweizerischen Astrologen Karl Ernst Krafft hatte Goebbels sogar einen speziellen Nostradamus-Kenner in Dienst genommen. 1940 las Krafft aus den Prophezeiungen des Nostradamus (dessen jüdischen Familienursprung er den Nazis tunlichst verheimlichte) allerlei heraus, das auf den »Endsieg« des nationalsozialistischen Deutschland hindeutete. Die den Nazis genehmen Zitate wurden, so James Randi, »in Französisch, Niederländisch, Italienisch, Rumänisch, Schwedisch und Englisch« europaweit verbreitet; 1941 erschienen sie auch im Spanien Francos. Für Krafft waren »Aquilon, Grand Empire und Le Saint Empire viendra en Germanie Hinweise auf das Tausendjährige Reich im Zeichen des deutschen Hoheitsadlers« (Karl Drude).

Die Nostradamiker

Von Anfang an stand Nostradamus im Widerstreit der Meinungen. Während Calvinisten wie Guillaume Farel und Théodore de Bèze schon 1557 bzw. 1558 Streitschriften gegen den Propheten abfaßten (der Calvinist Bèze vergleicht Nostradamus mit Herostratos, der den Artemis-Tempel von Ephesos in Brand steckte, um berühmt zu werden), während sich auch die nicht-religiöse Opposition äußerte, etwa in Gestalt von Laurens Videl, Sekretär des Herzogs von Lesdiguières, der seine Angriffe 1558 vortrug, zog Jean-Aimé Chavigny unangefochten seine Kreise als erster Nostradamiker. Besaß er doch ein Pfund, mit dem nur er wuchern konnte: die persönliche Kenntnis des Meisters. Entsprechend akzeptierte Heinrich IV. 1594 Chavignys Königswidmung

---

Eine Nazi-Edition der ›Zenturien‹ 1940, im besten Jahr seiner astrologischen Nazi-Karriere, konnte Krafft durchsetzen, daß eine Faksimileausgabe der ›Zenturien‹ nach der Vorlage Lyon 1568 gedruckt wurde – freilich nur in 300 Exemplaren, die nie in den Handel gelangten. Kraffts »astrobiologischer« Kommentar der Verse betont die – vermeintlichen – Deutschland-Bezüge der Vierzeiler.

in ›La Première face du Janus françois«, dem Hauptwerk des langjährigen Nostradamus-Beistands. Chavignys Werk enthält nicht nur die bis heute grundlegende (wiewohl in manchem Detail unwahre; s. S. 19) Kurzbiographie des Sehers von Salon, sondern auch die ersten Deutungsversuche der mysteriösen Strophen: Zu 126 *quatrains* bietet Chavigny historische »Lösungen« an.

Er leitete damit jenen quälenden Interpretationsprozeß ein, bei dem über die Jahrhunderte immer neue Autoren in immer neuen Vorschlägen und Verwerfungen den wabernden Mysterien der nostradamischen Vierzeiler beizukommen suchten, stets freilich von der Voraussetzung ausgehend, Nostradamus habe tatsächlich prophetische Gaben besessen. Auf Chavigny folgte Etienne Jaubert (Amsterdam 1656), auf den ein gewisser Theophilus de Garencières (London 1672), der die *quatrains* erstmals ins Englische übersetzte und kommentierte. Als der große französische Bücherkundler F. Buget im ›Bulletin du Bibliophile et du Bibliothécaire‹ zwischen 1860 und 1863 seine gelehrte vierteilige ›Etude‹ über Nostradamus und seine Kommentatoren veröffentlichte, hatte er bereits eine umfängliche Literaturliste zu bearbeiten.

Mit Eugène Barestes vierteiligem ›Nostradamus‹ war diese Liste zuletzt (1840) um ein interpretatives Großwerk erweitert worden, das alle seit Chavigny angelegten und von den älteren Kommentatoren beherzigten Grundzüge des Nostradamus-Kults auf die Spitze trieb. Barestes Nostradamus-Biographie strotzt von Lobhudeleien und Fälschungen, die eine Gloriole um das Haupt des Meisters legen sollten. Nostradamus ist für den französischen Nostradamiker das inspirierte Genie, der mutige Arzt, der Heilige im Kampf gegen die Pest, der zu Unrecht Verfolgte, zuletzt der königlich geehrte Triumphator. Damit war ein interpretatives Grundmuster ausgegeben, das die nostradamische Literatur bis heute prägt. Und diese Literatur füllt mittlerweile ganze Bücherschränke.

86 Titelvignette einer Ausgabe der ›Zenturien‹ von 1649

87 Nostradamus-Portrait von 1697

Uneins blieben sich die Nostradamiker trotz ihrer gleichklingenden Begeisterung für den provenzalischen Propheten indessen stets in der konkreten Interpretation seiner *quatrains*. Deutungsfehden, oft ausgetragen mit bissiger Polemik, schwächten letztlich alle Beteiligten und führten dazu, daß die historischen Interpretationen in aller Augen zweifelhaft wurden, zumal auch die ausgefallensten Ideen, wurden sie nur im Brustton der Überzeugung vortragen, stets Gehör und Gemeinde fanden. Natürlich übte auch die nicht-nostradamische Kritik eine zersetzende Wirkung aus: So viele datierte Vorhersagen der ›Zenturien‹ hatten sich als Fehlschläge erwiesen, so viele der historischen Kommentare des vielbewunderten Anatole Le Pelletier (Paris 1867) waren von Kritikern unwiderleglich zerpflückt worden.

Nach dem Ersten Weltkrieg trat eine neue Generation von Nostradamikern auf den Plan. Angeregt durch die geheimdienstlichen Techniken der Kryptographie, die unter den Kriegsbedingungen perfektioniert worden waren, versuchte ein Deutscher, C. Loog, 1921 in ›Die Weissagungen des Nostradamus: Erstmalige Auffindung des Chiffrenschlüssels und Enthüllung der Prophezeiungen …‹ die innere Ordnung bzw. zeitliche Folge der ›Zenturien‹ zu rekonstruieren. Er vermutete, daß sich in oder hinter den zehn Büchern tatsächlich 22 Bücher verbergen, welche die Spanne zwischen Nostradami Lebenszeit und dem Jahr 3797 in Einheiten von 42, 43 und 44 Strophen behandeln, daß die lateinischen Einschiebsel in den französischen Text der beiden

> So ergibt sich eine Verschlüsselung, die in ihrem Aufbau dem Chiffrierverfahren der Gegenwart in keiner Weise nachsteht und wert ist, neu angewendet zu werden.
>
> *C. Loog, 1921*

Prosabriefe oder Einleitungen (s. S. 71ff.) zusammengenommen eine sinnvolle Nachricht konstituieren und daß die seltsamen Zeitrechnungen im Heinrich-Brief letzte Hinweise auf die Chronologie der Vierzeiler geben.

Loogs Ansatz wurde früh kritisiert, unter anderem von Klinckowstroem (s. auch S. 70). Der Graf wies mit Recht auf folgenden Widerspruch hin: Für den von Loog unterstellten Gesamtplan müßte Nostradamus bereits im Jahre 1555, als die ersten 353 *quatrains* erschienen, alle weiteren Strophen vollendet haben, denn nur das würde die unterstellte durchgängige Ordnung ermöglichen. Chavignys Zeugnis wie auch Nostradami Selbstzeugnis sprechen jedoch von einem kontinuierlichen prophetischen Prozeß, von immer neuen seherischen Anwandlungen nächtens auf dem ehernen Dreifuß.

Die Computerisierung der letzten Jahrzehnte verlieh der nostradamischen Dechiffrierwut Flügel. Einer der Gefiederten, eher durch Geschäftssinn als durch Glaubwürdigkeit ausgezeichnet, ist der Deutsche Manfred Dimde (s. S. 92), der »eine Computerdiskette zur eigenen Deutung mit Original-Nostradamustexten und einem Ent-Codierungsprogramm für die Original-Texte« mitsamt »Anleitungsheft« für »Nostradamusforscher, Hobbydeuter und allgemein Interessierte« anbieten läßt. Hier wendet sich der Gast – und nimmt gern das Wort zur Kenntnis, daß »Nostradamus (…) kein gefeierter Mathematiker war«, daß er »keine allzu komplizierten Rechenverfahren einsetzte« (Michael Jordan).

Noch ein anderer nostradamischer Interpretationsansatz jenseits der historischen Deutungsversuche der Le Pelletier und Co. verdient Beachtung: der astrologische. Wiederum ein Deutscher, Christian Wöllner (eigentlich: Weidner), war hierin Vorreiter in seinem Werk ›Das Mysterium des Nostradamus‹ (1926). Wöllner ging sterndeuterisch zu Werke und unterstellte, Nostra-

---

Loog fand viele Nachfolger und Konkurrenten, u.a. Pierre V. Piobb, der sich (Paris 1927) über numerologische Deutungskonzepte den *quatrains* anzunähern suchte. Andere wollten ihr **Dechiffrierprinzip** aus dem Zusammenhang der jüdischen Kabbala gewinnen, so zuletzt der Italiener Carlo Patrian (1978). Es spricht indessen

wenig dafür, daß Nostradamus ein so großer Kenner der jüdischen Geheimlehren war, wie Patrian und andere es unterstellen. Nachweisbar ist lediglich der starke Einfluß der »übersinnlichen Renaissance«, namentlich Marsilio Ficinos und seiner Übersetzungen okkulter Klassiker (s. S. 37), dazu des ›Corpus Hermeticum‹.

damus habe mit seinen astrologisch-seherischen Bemühungen
am Samstag, dem 25. April des Jahres 4184 vor unserer Zeitrechnung, Null Uhr vor unserer Zeit eingesetzt, dem Anfangspunkt
eines Saturn-Zyklus, indem er Adam (nach Wöllner lag der
Garten Eden »ungefähr 45 Grad östlich von Berlin«) und damit
der Menschheit das Horoskop stellte. Es versteht sich, daß Wöllner mit seinen astrologischen Terminierungen und Planetenzyk-
len zu guter Letzt genau im Jahre 3797 herauskommt, das Nostradamus bekanntlich als letztes Jahr seines Weissagungszeitraums
nannte (s. S. 71). Zudem hat Wöllner ein Dutzend der 40 *quatrains*,
in denen Nostradamus sich explizit auf Gestirnkonstellationen
bezieht, unter astrologischem Aspekt zu bewerten gesucht.

Den astrologischen »Dechiffrierungsversuchen« hat Ludwig
Dinzinger mit ›Nostradamus: Die Ordnung der Zeit‹ (Aichach
1991–1993) zuletzt ein dreibändiges, »astrosemiotisch« ausge-
richtetes Werk hinzugefügt, das mit der Methode der sogenannten »Adaptationen« operiert. Freilich muß Dinzinger seine
Leser im dritten Band davon unterrichten, daß die anspruchs-
volle Methode »im Detail, das einzelne historische Ereignis der
Zukunft betreffend, (…) mehr Rätsel aufwirft als enthüllt«.

Solchen subtileren Ansätzen zum Trotz steht die nostradamische Publizistik heute vor allem im Zeichen einer geldhungri-
gen Scharlatanerie, die ihre apokalyptischen Deutungen (z. B.
»Krieg zwischen Europa und Italien« = um 2000; oder »Rom
durch einen Atomangriff völlig zerstört« = um 2020) aus Nostradami Dunkelheit gewinnt und gerade an der Schwelle eines
neuen Millenniums nichts anderes im Sinn hat, als aus der unbe-
stimmten Angst vieler Zeitgenossen Gewinn zu schlagen. Aber
vielleicht entspricht ein solches Tun ja nur dem, was Nostradamus selbst an seinen durch die turbulenten Zeitläufe tief ver-
schreckten Zeitgenossen vollzog … Es ist schwer, wenn nicht
unmöglich, hierüber ein letztes Urteil zu fällen.

Der Seher gibt in seinem Beiwort zwei Quellen an, aus denen er ge-
schöpft habe, Gestirn und Psyche. Nur die erstere ist hier berücksichtigt.
Die Betrachtung der zweiten ist schwierig und führt in die dunkelsten
Tiefen der Seele. Sie muß einer späteren Zeit überlassen bleiben.

Christian Wöllner, 1926

Schlußwort

Wir haben die Lebensfakten des provenzalischen Propheten Revue passieren lassen und zur Kenntnis genommen, wie er durch die Fährnisse seiner Lebenszeit steuerte. In das Innere des Prophetenkopfes haben wir freilich nicht schauen können, denn psychologische Erkenntnisse geben die Quellen nicht her.

Verfügte Nostradamus über die Gabe der Prophetie? Es findet sich kein einziger Hinweis darauf, der einer Überprüfung standhielte. Es gibt aber auch keinen Hinweis darauf, daß Nostradamus ein raffinierter Fälscher und Betrüger war, der mit spöttisch-überlegenem Lächeln die Fäden seiner Prophezeiungen spann.

Letztlich gewinnt man den Eindruck, daß der Seher von Salon ein Geschöpf der Angst war. Hineingeboren in eine Zeit extremen Umbruchs, wankte und schwankte seine unfeste Persönlichkeit zeitlebens. Nein, mit einem versierten Täuscher wie Cagliostro weist er wenig Ähnlichkeit auf. Vielmehr erkennt man eine zitternde Seele, in Schrecken versetzt durch das zeitgenössische politische Chaos und den forcierten kulturellen und religiösen Wandel des 16. Jh. Man kann Nostradami Vorhersagen, wie immer er sie auch gewann, als eine Form persönlicher Angstbewältigung einschätzen, die aber auch zur Beruhigung anderer dienen und somit vermarktet werden konnte.

Diese Aussage mag paradox klingen, denn bestimmen nicht vor allem katastrophale Nachrichten die dunklen Vierzeiler des Sehers von Salon? In der Tat schafft Nostradamus sich und seinen Lesern keine vordergründige Beruhigung. Seine Modernität besteht darin, daß er, vor dessen Augen das geschlossene christliche Weltbild in Scherben fiel, nicht länger die Utopie einer glückli-

Das Allerheiligste wird zerstört werden vom Heidentum, und das Alte und Neue Testament wird geächtet und verbrannt werden; alsdann wird der Antichrist der höllische Fürst sein, und zum letzten Male werden alle Reiche der Christenheit zittern, wie die der Ungläubigen 25 Jahre lang, und werden Streitigkeiten, Kriege und Schlachten vorfallen, und werden Städte, Flecken, Burgen und alle übrigen Gebäude verbrannt, zerstört, vernichtet werden mit großem Blutvergießen, und es werden Jungfrauen, Weiber und Witwen geschändet werden und Säuglinge gegen die Mauern der Städ-

chen Zukunftsgesellschaft verheißt. Vielmehr löst sich ihm Geschichte in eine Folge von bedrohlichen Visionen auf, die immer neues politisches Unglück, immer neue historische Untiefen aufzeigen und Goldene Zeitalter nur mehr als Zwischenphasen in den allgemeinen Weltwirren begreifen. Der Heinrich-Brief ist hierin deutlich genug.

Gleichwohl erwächst aus der Gesamtheit der mißlichen Prophetien die Hoffnung. Denn durch all jene Wirren, Kriege, Todesfälle und fragwürdigen Veränderungen schreibt sich die Geschichte, wie unverständlich und grausam auch immer, für Nostradamus fort. Dies ist letztlich auch die Kernbotschaft seiner prophetischen Strophen: Im Wandel und trotz aller Schrecknisse wird die Menschheitsgeschichte sich fortsetzen. Wohlgemerkt, nicht fortschreiten zu einer besseren Verfassung der Welt, sondern einfach nur fortsetzen. Die Vielzahl der angedeuteten Greuel relativiert die den Leser konkret bedrängenden Gefährdungen.

Damit appellierte Nostradamus an den Geist seiner Zeit, damit appelliert er erfolgreich auch an den Geist des anhebenden dritten Jahrtausends. Denn er weissagt eine – wie auch immer fragile – Kontinuität im Schlechten und Bedrohten. Gerade in vibrierenden Umbruchszeiten (Französische Revolution, Erster und Zweiter Weltkrieg) hat man sich der dunklen Botschaften des Provenzalen erinnert und sich an ihnen getröstet.

88 Moderne Nostradamus-Skulptur in Salon

te geschleudert und zerschmettert werden, und so viel Unheil wird der höllische Fürst, der Satan, anrichten, daß schier die ganze Welt zu Grunde geht ...
Eine der apokalyptischen Vorhersagen in der Heinrich-Epistel, nach der Übersetzung von Eduard Rösch

Zeittafel

1480 Tod des »Guten Königs« René; die angevinische Herrschaft fällt ein Jahr darauf der französischen Krone zu.

1503 Geburt des Michel de Nostradame im provenzalischen Saint-Rémy als Sohn des Notars Jaume und seiner Frau Reynière.

1505 Luther gelobt den Klostereintritt und wird Augustiner.

1509 Etwa ab diesem Jahr wird Nostradamus angeblich von einem seiner Großväter unterrichtet. Johannes Calvin wird geboren.

1512 Die Franzosen unterliegen in Italien, die Medici kehren nach Florenz zurück.

1515 Franz I. von Frankreich besteigt den französischen Thron (bis 1547).

1516 Karl I. besteigt den deutschen Königsthron und avanciert 1519 als Karl V. zum römisch-deutschen Kaiser.

1517 Luther veröffentlicht im Ablaß-Streit gegen Tetzel seine 95 Thesen in Wittenberg; Beginn der Reformation.

1519 In Florenz wird Katharina von Medici geboren.

1520 Nostradamus wird auf die »Höhere Schule« in Avignon geschickt. Süleyman II. löst Selim I. als Sultan der Osmanen ab (bis 1566).

1521 Die Pariser Sorbonne verurteilt Luthers Lehren und die Verbreitung seiner Schriften.

1522 Nostradamus beginnt sein Medizinstudium an der Universität von Montpellier. Zwingli veröffentlicht eine reformatorische Schrift gegen das Fasten.

1523 Erste Verbrennung eines Lutheraners in Paris

1524 Verwüstung der Provence durch die Truppen des Charles de Bourbon

1525 Nostradamus schließt sein Medizinstudium ab. Franz I. gerät nach der Niederlage von Pavia in Gefangenschaft.

1525–29 Nostradamus wirkt als Pestarzt in verschiedenen Städten Südfrankreichs.

1527 Sacco di Roma: Rom wird von deutschen Truppen geplündert; die Reformation erfaßt Nordeuropa.

1528 Baldassare Castiglione veröffentlicht ›Il libro del cortegiano‹, das die Hofetikette für die nächsten Jahrhunderte richtungsweisend definiert.

1529 Nostradami Wiedereinschreibung (23. Oktober) an der Universität von Montpellier. »Damenfrieden« von Cambrai; die Türken stehen erstmals vor Wien.

1530 Nostradamus absolviert erfolgreich die Promotionsprüfungen und ist nun approbierter Doktor der Medizin. Papst Clemens VII. krönt in Bologna Karl V. zum Kaiser; Franz I. begründet das Collège de France, um das Studium der alten, vor allem der biblischen Sprachen zu fördern.

1530–32 Nostradamus arbeitet als Assistenzarzt an der Universität von Montpellier.

1531 Der Halleysche Komet erscheint und regt die astrologische Spekulation an.

1532 François Rabelais, Kommilitone aus den Studienzeiten in Montpellier, veröffentlicht ›Gargantua, père de Pantagruel‹; Niccolò Machiavelli veröffentlicht ›Il principe‹ (geschrieben 1513), ein Werk, das die Gewaltpolitik der Renaissance sanktioniert.

1532–34 Nostradamus ist als Arzt in Bordeaux, La Rochelle und Toulouse tätig.

1533 Trauung von Prinz Heinrich II. und Katharina von Medici durch Papst Clemens VII. (28. Oktober); Franz II. und der Papst hatten diese politische Heirat seit langem vorbereitet.

1534 Auf Einladung des Humanisten Julius-Caesar Scaliger geht Nostradamus nach Agen und läßt sich dort als Arzt nieder. »Plakataffäre« und verschärfte Verfolgung der Lutheraner in Frankreich; Ignatius von Loyola gründet die gegenreformatorische Societas Jesu (Jesuiten).

nach 1534 Nostradami erste Heirat mit einer namentlich Unbekannten, Geburt zweier Kinder aus dieser Verbindung

1535 Erste protestantische Bibel in französischer Sprache

1536 Franz I. zettelt mit der Besetzung Savoyens den dritten Krieg gegen Karl V. an; der älteste Sohn und Thronfolger Franz' I. stirbt (15. August), der mit Katharina von Medici vermählte Zweitgeborene Heinrich ist nun Dauphin; Calvin veröffentlicht sein Hauptwerk ›Institutio religionis christianae‹.

1537 Paracelsus veröffentlicht seine »Große Astronomie«.

um 1537/38 Seuchentod von Nostradami Frau und Kindern; Nostradamus setzt sich aus Agen ab, als ihn die Inquisition vor ihre Schranken zitiert; es folgen Wanderjahre in Ostfrankreich und Italien. Waffenstillstand von Nizza zwischen Karl V. und Franz I.; Gründung der Académie Française

1539 Das Französisch der Île-de-France löst das Lateinische als Amts- und Gerichtssprache ab; verschärfte Protestantenverfolgungen in Frankreich

1542	Beginn des vierten Kriegs zwischen Franz I. und Karl V.; die Erhebung einer Salzsteuer löst Bauernunruhen in Westfrankreich aus.
1543	Franz I. erobert mit Hilfe osmanischer Truppen Nizza; Kopernikus veröffentlicht ›De revolutionibus orbium coelestium‹ und leitet damit den Untergang des geozentrischen Weltbilds ein.
1544	Nostradamus ist zurück in der Provence und wirkt als Pestarzt in Marseille. Friede von Crépy zwischen Franz I. und Karl V.
1546	Nostradamus als Pestarzt in Aix. Öffentliche Verbrennung protestantischer »Ketzer«; Todesjahr Luthers
1547	Zweite Eheschließung (11. November) in Salon mit der Witwe Anne Ponsarde. Heinrich II. besteigt den französischen Thron (bis 1559); in Deutschland gewinnt die Gegenreformation an Boden.
1548	Der bäuerliche Widerstand gegen die Salzsteuer steigert sich in Westfrankreich zum offenen Aufstand der Pétaults.
1548/49	Nostradamus in Italien?
1550	Nostradamus publiziert einen ersten Almanach (nicht erhalten, nicht gesichert) mit Jahresvorhersagen.
1551	Geburt der Tochter Madeleine († 1623). Mit dem Edikt von Châteaubriant verschärfen sich die Protestantenverfolgungen.
1553	Nostradami erster erhaltener Jahresalmanach erscheint in Lyon. Maria I., Königin von England, leitet eine blutige Protestantenverfolgung ein; Tod des François Rabelais
1553/54	Nostradami erster Sohn wird geboren und auf den Namen César getauft († um 1630).
1555	In Lyon erscheint der erste Band der ›Zenturien‹ mit 353 Strophen. Heinrich II. geht mit dem Osmanenreich einen Handelsvertrag ein.
1556	Geburt des Sohnes Charles († 1629); am 14. Juli bricht Nostradamus nach Paris zum Besuch des Königshofs auf; 15. August: Ankunft in Paris; Visite am Königshof St-Germain-en-Laye (16. August); Visite auf Schloß Blois an der Loire (wahrscheinlich Ende August, nicht gesichert). Karl V. dankt ab.
1557	Geburt des Sohnes André († 1601). Das Edikt von Compiègne bedroht alle französischen Protestanten mit der Todesstrafe; Frankreich unterliegt Spanien bei St-Quentin.
1558	Geburt der Tochter Anne († vor 1597); weitere ›Zenturien‹ erscheinen. England verliert Calais an den Herzog von Guise; Franz, Heinrichs II. ältester Sohn, heiratet Maria Stuart;
	die Franzosen unterliegen den Spaniern in der Schlacht bei Gravelingen; mehrere französische Hochadlige bekennen sich als Hugenotten.
1559	Das savoyische Herzogspaar besucht Ende des Jahres Nostradamus in Salon; Eröffnung des von Nostradamus mitfinanzierten Kanals des Adam de Craponne durch die Große Crau. Nach dem Turniertod des Vaters besteigt Franz II. am 18. September den französischen Thron (bis 1560); die erste hugenottische Synode auf französischem Boden verabschiedet die ›Confessio Gallicana‹.
1560	Nach dem Tod seines schwächlichen Bruders (15. Dezember) geht die französische Königswürde auf Karl IX. über (bis 1574); Katharina von Medici fungiert als Regentin.
1561	Geburt der Tochter Diane († nach 1630); Nostradamus besucht den savoyischen Herzogshof (nicht gesichert) und stellt dem noch ungeborenen Thronfolger das Horoskop. Bauernrebellion im französischen Agenais
1562	Das Edikt von St.-Germain (Januar) gewährt den Hugenotten bescheidene Religionsfreiheit, wird jedoch bereits am 1. März durch das Massaker von Vassy unterlaufen; Beginn der französischen Hugenottenkriege (bis 1598)
1563	Der katholische Herzog von Guise wird ermordet, dennoch erreicht Katharina von Medici den religiösen Waffenstillstand von Amboise.
1564	Der königliche Troß erreicht auf seiner großen Frankreich-Runde am 17. Oktober Salon; er trifft dort mit Karl IX. und Katharina von Medici zusammen; Nostradamus wird zum Berater und Leibarzt des Königs ernannt. Johannes Calvin stirbt; in Stratford-upon-Avon wird William Shakespeare geboren.
1566	Nostradamus macht sein Testament (17. Juni) und ergänzt es durch ein Kodizill (30. Juni); nach der Letzten Ölung (1. Juli) stirbt Nostradamus in den frühen Morgenstunden des 2. Juli; Bestattung in der franziskanischen Klosterkirche von Salon
1568	Die erste Gesamtausgabe der ›Zenturien‹ erscheint in Lyon.
1622	Ludwig XIII. besucht Nostradami Grab (1. November)
1660	Ludwig XIV., Anna von Österreich und Kardinal Mazarin besuchen Nostradami Grab (16. Januar).
1791	Schändung des Grabs durch bürgerliche Revolutionäre aus Marseilles
1813	Neubestattung der verbliebenen Gebeine in der Dominikanerkirche Saint-Laurent zu Salon

Literatur

Bibliographie

Es ist unendlich viel über Nostradamus und seine prophetischen Strophen spekuliert worden, aber nur ganz wenige haben es auf sich genommen, den Originaltexten und ihrer editorischen Geschichte nachzugehen. Die gegenwärtig maßgebliche Bibliographie Nostradamus (1989) hat mit großer Akribie **Michel Chomarat** (mit Jean-Paul Laroche) erstellt. Sie umfaßt weit über 400 Einträge, reicht bis Ende des 18. Jh. und geht streng von den bibliographischen Evidenzen aus. Wer sich mit dem Werk des provenzalischen Sehers seriös beschäftigen möchte, muß hier ansetzen. Übrigens nicht unkritisch, denn es bleibt offen, ob es nicht doch nostradamische Prognostikationen vor 1553 gegeben hat und ob das kosmetische Schrifttum, das erst für 1555 bibliographisch nachweisbar ist, nicht bereits 1552 eingesetzt hat.

Unter den älteren bibliographischen Bemühungen sind die Aufsätze von **F. Buget** im *Bulletin du Bibliophile* (1860–63), zwei Aufsätze von **Carl Graf von Klinckowstroem** – »Die ältesten Ausgaben der ›Prophéties‹ des Nostradamus« in *Zeitschrift für Bücherfreunde* N.F., Jg. 4, 1912/13 (s. S. 70) und »Die *editio princeps* der ›Prophéties‹ des Nostradamus« in *Zeitschrift des Geschichte des Buchwesens* 4, 1963 – hervorzuheben, sodann **Edgar Leonis** Bibliographie in seinem Buch von 1961 (s. u.) und *Le Testament de Nostradamus* (Monaco 1982), verfaßt von **Daniel Ruzo**.

Quellen

Wir haben bereits über über die prekäre Quellenlage gesprochen (s. S. 18ff.). Die drei relevanten Texte sind **Jehan de Nostredames** *La Chronique de Provence. Les vies des Poètes Provençaux* (Paris 1913; nach Edgar Leroy bereits 1575 in Lyon), **César de Nostredames** *Histoire et chronique de Provence* (Lyon 1614) und **Jean Aymé de Chavignys** *La Première Face du Ianus François* (Lyon 1594).

Originalwerk

Auf Nostradami Publizistik wird im Text (s. ab S. 63) ausführlich eingegangen. Leider gibt es keine Gesamtausgabe der Schriften. An die frühen Almanach-Veröffentlichungen kommt man zur Zeit nur über Mikrofilm-Kopien heran. Wie ein erratischer Block ragt aus der publizistischen Ödnis da und dort die Neuedition eines Werks heraus, etwa die des obskuren *Horapollon*-Werks (Barcelona 1968) oder die der ersten *353 Vierzeiler* von 1555 (Roanne 1984). Von biographischer Bedeutung war die Publikation des *Testaments* (s. S. 139ff.), des *Briefes an Jean Morel* (s. S. 132ff.) und des *Briefes an die Domherren von Orange* (s. S. ###) durch **Edgar Leoni** (1961) und nicht zuletzt der *Lettres inédites* (Genf 1983) durch **Jean Dupèbe**.

Deutsche Übersetzungen

Nostradami kosmetisches Werk erschien 1573 in deutscher Übersetzung in Augsburg (s. S. 51). Von den Prognostikationen liegt diejenige auf das Jahr 1560 auch in deutscher Sprache vor, doch scheinen die Almanache des Sehers im deutschen Sprachraum weniger umläufig gewesen zu sein als etwa im englischen. Die klassische Übersetzung der ›Prophéties‹ ist die von **Eduard Rösch** (Stuttgart 1849 oder 1850, s. S. 91f.). Unter dem Titel *Das Schicksalsbuch der Weltgeschichte. Die Prophezeiungen des Michael Nostradamus* hat W. Faber diese Übersetzung, ergänzt durch Kommentare, nochmals veröffentlicht (Pfullingen 1922). Auch diese Ausgabe ist inzwischen eine Rarität und fast nur noch aus Bibliotheksbeständen zu erhalten. Dafür ist ein dritter Reprint der Rösch-Übersetzung, erschienen als *Die Prophezeiungen des Nostradamus* (Bindlach 1994) zur Zeit leicht greifbar. Die Kompilation, für die **Helmut Werner** verantwortlich zeichnet, benutzt Rösch und die Kommentare, ohne die Quellen zu nennen. Von den weiteren deutschen Übersetzungen des Hauptwerks haben wir bereits im Text die Rede (s. S. 92). Sie stammen von **Ernst R. Ernst** (*Nostradamus. Vom Mythos zur Wahrheit*, Wien-Köln-Graz 1986), **Kurt Allgeier** (*Die Prophezeiungen des Nostradamus*, München 1988) und **Manfred Dimde** (*Nostradamus total*, Essen 1994). 1953 legte ein Autor, der sich **Alexander N. Centurio** nannte, unter dem Titel *Nostradamus. Der Prophet der Weltgeschichte* einen weiteren Übertragungsversuch vor.

Biographien

In einigen der genannten Übersetzungen werden, meist als Einleitung, biographische Skizzen zu Nostradamus gegeben. Bis auf Ernst, der sich auf die Forschungen von Edgar Leroy (s. u.) stützt, geben sie freilich nur die Familienmythe und jene geschönte Vita wieder, die auf Chavigny (s. u.) zurückgeht und im 19. Jh. ausgeschmückt wurde, nicht zuletzt durch Eugène Bareste und Henri Torné-Chavigny (s. u.). Auch **James Laver**, der in London 1942 *Nostradamus or The Future Foretold* veröffentlichte, folgt diesem Grundschema, bereichert es aber durch neues historisches Hintergrundmaterial. **Edgar Leoni** unternahm 1961 in *Nostradamus. Life and Literature* (New York 1961; Reprint als *Nostradamus and His Prophecies*, New York-Avenel, N.J. 1982) eine erste kritische Abwägung der biographischen Quellen, wehrt sich aber noch gegen ihm nicht genehme Forschungsergebnisse von Edgar Leroy. Es war eben dieser **Edgar Leroy**, der die Nostradamus-Forschung durch archivalische Recherchen auf verläßliche Grundlagen zu stellen begann (s. S. 17). Sein Werk *Nostradamus. Ses* *origines, sa vie, son œuvre* (Bergerac 1972; Reprint Marseille 1993), das er durch Aufsätze seit 1933 vorbereitet hatte, wurde in einigen Ergebnissen angekündigt durch *Nostradamus. Sa famille, son secret* (Paris 1950), verfaßt von **Raoul Busquet**. Während im deutschen und englischen Sprachraum, mit Ausnahme Ernst R. Ernsts, fast gebetsmühlenartig die Familienlegende wiederholt wird, berücksichtigt **Louis Schlosser** (*La Vie de Nostradamus*, Paris 1985) die neue Quellenforschung.

Sekundärliteratur

Unter Sekundärliteratur verstehen wir hier nicht die inflationären Spekulationen über Nostradamus-Verse, sondern Versuche, sich mit wissenschaftlicher Neugier dem Seher von Salon zu nähern. Leider genügen nur außerordentlich wenige Publikationen diesem Anspruch. Bahnbrechend war **Eugene F. Parker** mit seiner Doktorarbeit *Michel Nostradamus – Prophet* (1920), die leider ungedruckt blieb, aber als Mikrofilm verfügbar ist. Die Werke von Leoni, Leroy, Busquet haben wir bereits genannt (s. o.); es scheint kein Zufall zu sein, daß sie allesamt biographisch ansetzen. *Nostradamus und das neue Millennium* von **Michael Jordan** (Bindlach 1998) hält immerhin eine gewisse Distanz zum nostradamischen Deutungswahn, genügt ihm aber andererseits durch die Art der Bebilderung und viele Bildbeischriften. **James Randi** veröffentlichte (*The Mask of Nostradamus*, New York 1990) eine vehemente Attacke gegen Astrologie und Prophetie, in der auch Nostradamus nicht zu kurz kommt, ohne daß man freilich je den Eindruck gewänne, Randi habe den für die Renaissance charakteristischen Verbund von Vernunft und Unvernunft, kurzum die Dialektik des Irrationalen, auch nur ansatzweise begriffen. Mit vergleichbarer Einschränkung ist auf **Liberté E. LeVert** (d. i. Everett F. Bleiler): *The Prophecies and Enigmas of Nostradamus* (Glen Rock, N. J. 1979) zu verweisen.

Die großen Nostradamiker

Der erste Nostradamiker war der Gehilfe des Sehers, **Jean Aymé Chavigny** (s. S. 19f.), v. a. mit seinem Hauptwerk *La Première face du Ianus François* (Lyon 1594; lat. *Iani Gallici Facies Prior*). Der nächste bedeutende Name ist **Etienne Jaubert**. 1656 erschien in Amsterdam *Eclaircissement des veritables Quatrains de Maistre Michel Nostradamus*, dessen Deutungen »zum Modell für alle folgenden Kommentare wurden« (E. Leoni). Die große Zeit nostradamischer Interpretationsbemühung war das 19. Jh. Den ersten Markstein setzte **Eugène Bareste** mit seinem vierteiligen *Nostradamus* (Paris 1840; als dritten Werkteil bot

er einen Abdruck der seltenen ›Zenturien‹-Erstedition von 1555 mit ihren 353 Strophen; s. S. 69ff.). Bareste begann Nostradami Biographie noch über Chavignys Schönungen hinaus zu verklären und versuchte sich in seiner »Explication des quatrains prophétiques« (Teil IV) an einer Wahrdeutung der prophetischen Vierzeiler aus Salon. Der nächste Groß-Nostradamiker war **Henri Torné-Chavigny**. Der Namenszusatz nach dem Bindestrich erklärte er damit, er sei von der mütterlichen Seite mit dem Nostradamus-Beistand Chavigny verwandt, als dessen legitimen Nachfahren er sich darzustellen suchte. Ab seiner ersten Veröffentlichung von 1862 (*Réédition du livre de prophéties de Nostradamus*) führte Torné bis 1878 mit einer Fülle von Titeln das weiter, was Bareste begonnen hatte. Das nostradamische Optimum erreichte **Anatole Le Pelletier** 1867. Damals erschien in Paris sein Werk *Les Oracles de Michel de Nostradame*, das »Une scholie historique des principaux quatrains« einschloß. In seinen Kommentaren erweist sich Le Pelletier als der historisch beschlagenste und gewandteste Interpret; an ihn knüpfen die Nostradamus-Ausdeuter bis heute an.

Nostradamische Literatur

Ihre Titel sind Legion. Indessen herrscht Einfalt in der Vielfalt: Die Prophetien werden für bare Münze genommen und mit viel Phantasie ›passenden‹ historischen Ereignissen zugewiesen. An der Entstehung der Weissagungen und dem Erfahrungshorizont der Renaissance, wie sie entstammen, besteht dagegen kein Interesse. Wir führen hier nur Titel und Autoren auf, die im Text genannt oder zitiert sind:

Dennert, Eberhard: *Nostradamus und das zweite Gesicht.* Pfullingen o. J. (ca. 1929)

Dinzinger, Ludwig: *Nostradamus. Die Ordnung der Zeit.* 3. Bde. Aichach 1991–93

Drude, Karl: *Nostradamus. Ein Leben in der bedeutendsten Zeitwende des Abendlands und seine Auferstehung.* München 1963

Loog, C.: *Die Weissagungen des Nostradamus.* Pfullingen 1921

Patrian, Carlo: *Nostradamus. Le Profezie.* Mailand 1978

Piobb, Pierre V.: *Le Secret de Nostradamus et de ses célèbres prophéties du XVI*ᵉ *siècle.* Paris 1927

Roberts, Henry C.: *The Complete Prophecies of Nostradamus.* New York 1947, 1949

Skinner, Stephen: *Das große Buch der Prophezeiungen für das nächste Jahrtausend. Nostradamus und andere bedeutende Seher der Welt.* Niedernhausen 1994/95

Wöllner, Christian: *Das Mysterium des Nostradamus.* Leipzig 1926

Register

Bildnachweis

Archiv für Kunst und Geschichte, Berlin
 5, 25, 50, 55 rechts und links, 60 oben und
 unten, 63, 64, 66, 67, 71, 73, 74, 79, 80, 84,
 85 oben und unten
Manfred Görgens, Wuppertal 1, 2, 3, 4, 7,
 12, 13, 17, 22, 36, 39, 69, 75, 78, 81, 83, 88

*Die Rechte der hier nicht aufgeführten
Abbildungen stammen überwiegend aus dem
Privatarchiv des Autors. Einige wenige
Rechteinhaber konnten leider nicht ermittelt
werden. Berechtigte Ansprüche werden selbst-
verständlich angemessen abgeglichen.*

<u>dtv</u> portrait

Herausgegeben von Martin Sulzer-Reichel
Originalausgaben

**Biographien bedeutender Frauen und Männer aus
Geschichte, Literatur, Philosophie, Kunst und Musik**